華商律師 | 文库 |
CHINA COMMERCIAL LAW FIRM

1993-2023
30TH ANNIVERSARY

公司的合同分析

ANALYSIS OF COMPANY:
A CONTRACTUAL PERSPECTIVE

孙　阳 / 著

法律出版社 LAW PRESS · CHINA
北京

图书在版编目(CIP)数据

公司的合同分析 / 孙阳著. -- 北京 : 法律出版社,
2024
ISBN 978 -7 -5197 -8649 -6

Ⅰ. ①公… Ⅱ. ①孙… Ⅲ. ①公司－合同法－研究－
中国 Ⅳ. ①D923.64

中国国家版本馆 CIP 数据核字(2023)第 243524 号

公司的合同分析
GONGSI DE HETONG FENXI

孙　阳　著

策划编辑 邢艳萍
责任编辑 邢艳萍
装帧设计 汪奇峰

出版发行 法律出版社
编辑统筹 法律应用出版分社
责任校对 朱海波
责任印制 刘晓伟
经　　销 新华书店

开本 710 毫米×1000 毫米 1/16
印张 14　　**字数** 240 千
版本 2024 年 1 月第 1 版
印次 2024 年 1 月第 1 次印刷
印刷 保定市中画美凯印刷有限公司

地址:北京市丰台区莲花池西里 7 号(100073)
网址:www.lawpress.com.cn
投稿邮箱:info@lawpress.com.cn
举报盗版邮箱:jbwq@lawpress.com.cn

销售电话:010－83938349
客服电话:010－83938350
咨询电话:010－63939796

书号:ISBN 978－7－5197－8649－6
定价:65.00 元

凡购买本社图书,如有印装错误,我社负责退换。电话:010－83938349

谨以此书献给华商律师事务所成立三十周年

总　序

弹指之间，华商律师事务所(以下简称华商)已行三十载。三十载风雨征程，我们从初心开始书写答卷。这份答卷以一书一卷开始，向具有前沿视野的国际型律所演进，从深圳强所到聚焦国际，华商厚植专业根基，目前已有48家分支机构，我们始终上下求索、攀登不息，不断丰富诠释华商“法律创造价值”的职业价值观。

三十年间，华商以创业者的探索、勇敢者的担当、改革者的步伐，逐步成长为从区域迈向全国乃至全球的规模律师事务所，并在律师事业升级与融合的发展变革中，成就了不少亮眼成绩。

千帆竞渡争卓越，前沿视野创一流。近年来，面临百年未有之大变局，在全球化趋势反复拉锯的过程中，行业也迎来了前所未有的新形态与新问题。越是不确定，华商越是坚定信心，越是沉着勇毅，在时代的风云中屹立不倒，敢于亮剑，敢于前进，志所向，皆可往，路虽远，行必达。华商以适度规模化、深度专业化、重推国际化的前沿发展战略稳步迈入高质量发展阶段！

经多个专业委员会、多个专业团队和多位专业律师构思、策划、组织和编撰，这套涵盖公司、国企改革、东南亚国家投资法、婚姻家庭继承、证券、合规体系、基金法律、土地开发、尽职调查等热门领域的华商律师事务所三十周年实务丛书与读者见面。作为华商三十周年献礼，本套丛书的问世将是华商专业化建设的又一次具有重要理论和现实意义的里程碑，更是百年华商征程中的专业与文化积淀。

新时代赋予律所新的使命，华商肩鸿任钜，法治的道路不断延伸，华商不会停下脚步。就像我曾经写过的一首诗,“风不顾一切,时光勇往直前,我,我们,跟着一路长跑”。

是为序。

前　言

研究公司这个事物,学习公司法,有很多思维方法。主流的视角或者思维模式是组织思维、物权(所有权)思维。本书是用合同思维去观察公司,辨析公司法的主要概念、规则,尝试解答疑难问题。这个视角是非主流的,但并不是独出心裁。

以科斯(R. H. Coase)为代表的经济学家、法学家、律师合作开展法律经济学交叉研究,在公司法理论上,提出了他们对公司的独特理解。公司经济法学界以合同为切入点、以交易成本的节约为主要思想线索,对企业、公司法和证券法进行理论解构,尝试发现公司法条文背后的效率含义、经济逻辑。虽然新古典经济学的"公司合同理论"提出公司乃是"一系列合约的连接"、是"公司合同集束"(a nexus of contracts),认为公司法是一个开放式的标准合同,公司中有很多真实的合同,但也认为存在"捏造"的公司合同。[1] 因此该理论学派并没有全面、具体地剖析公司合同集束的各个部分。

王利明先生认为,"公司与合同的天然不可分割性,就决定了公司法适用中出现的一些现象,并不能单纯地依靠公司法解决,还要借助合同法的相关规范。凡是公司法上难以找到依据的问题,还是要回到合同法的层面加以解决"。[2] 在中南财经政法大学校庆演讲时,王保树先生谈到了商法精神问题、商法思维问题。他认为,商法是抽象的、但又是具体的,"商法思维主要是指法律职业者或者法律人的特定的从业思维方式,是法律职业者在从事商事职业的决策过程中按照商法的逻辑来思考、分析、解决问题的思维模式",商法的精神是公司法实践的结果,同时它又指导公司

---

〔1〕 参见[美]弗兰克·伊斯特布鲁克、丹尼尔·费希尔:《公司法的经济结构》,张建伟、罗培新译,北京大学出版社2005年版。

〔2〕 王利明:《论合同法组织经济的功能》,载《中外法学》2017年第1期。

法的整个实践。[1] 两位前辈为本书的研究指明了方向、关键词。

作为实务工作者,抽象思维、理论分析不是我的特长。在近三十年公司商事的法律实践工作中,我几乎每个工作日都要与合同打交道,合同思维是我个人最常用的商法思维模式,我不断地尝试用合同思维去剖析各种各样的商业行为。用合同思维去分析公司这个最常见的商业组织,是难度很大的一次尝试。我的出发点是实务分析,在自己能力范围内、用自己熟悉的中国合同法去分析自己熟悉的中国公司,尝试分析合同是如何拟制公司的,展示公司合同中的每一个真实存在的合同,归纳和总结那些合同形态不明显的隐秘的合同规则、默示合同规则,最终希望用这个新视角发现和解决一些其他视角忽略的或者感到困惑的问题。

“对中国人来说,公司制度显然是舶来品,它并不源于本土文化,也不扎根于本国的历史”。[2] 显然比较法的借鉴也是必不可少的,但不是本书的主要研究方法。

---

〔1〕 参见王保树:《公司法的商法精神》,载爱思想 2014 年 4 月 14 日,https://www.aisixiang.com/data/73952.html。

〔2〕 江平、虞政平:《中美有限责任公司比较研究》,载梁治平编:《法治在中国:制度、话语与实践》,中国政法大学出版社 2002 年版,第 237 页。

目 录

1/

从个人到合伙

从“跑单帮”做生意，发展到合伙做生意，这个自然演化的过程在全世界范围内大体上是相同的。合伙需要解决多人关系，必须有合伙协议。根据《民法典》第967条，合伙协议是“两个以上合伙人为了共同的事业目的，订立的共享利益、共担风险的协议”。一份商事合伙协议可以约定合伙人分别执行合伙事务（做生意），或者共同做生意，也可以委托部分合伙人做生意；无论如何做生意、谁负责做生意，合伙财产都属于全体合伙人并且在合伙合同终止前不得分割，并且全体合伙人必须对合伙债务承担连带责任。

并非所有的商事合伙协议都会被登记为一个商业组织——合伙企业。不采用商业组织形式，合伙同样可以做生意，但是明显地会有一些不便之处。例如，“商号”难以获得充分的法律保护；发生诉讼时，需要全体合伙人一起作为共同被告或者原告参加诉讼等。当合伙企业法被国家制定出来以后，签订商业合伙合同并前往政府登记机关办理营业登记，以一个商业组织、商业实体的形态做生意，非常便利。

我国1997年《合伙企业法》第2条规定：合伙企业是依照该法在中国境内设立的，由各合伙人订立合伙协议，共同出资、合伙经营、共享收益、共担风险，并对合伙企业债务承担无限连带责任的营利性组织。在本质上，合伙企业范畴的“合伙协议”与普通的商事合伙合同并无差异。

律师帮助设立合伙企业，起草合伙协议时，会发现该合同的核心规则已经被《合伙企业法》的强制性法律规范所设定、定型化，律师可以自由发挥的空间并不多。如果办理合伙企业设立登记时提交给登记机关的合伙协议在核心规则方面与强制性法律规范不一致，登记机关有权要求修改或者拒绝办理登记。

《合伙企业法》第20条规定：“合伙人的出资、以合伙企业名义取得的收益和依法取得的其他财产，均为合伙企业的财产。”第21条第1款规定：“合伙人在合伙企业清算前,不得请求分割合伙企业的财产。”《民法典》第 969 条规定:“合伙人的出资、因合伙事务依法取得的收益和其他财产,属于合伙财产。合伙合同终止前,合伙人不得请求分割合伙财产。”这些法律规范构成了“合伙财产规则”,是合伙协议的核心规则、核心内容;但是,《合伙企业法》并没有要求合伙协议必须载明该事项。这是因为,《民法典》《合伙企业法》对此已经有明确的规定,不管合伙协议是否有约定,都已经“悄悄地”通过办理企业登记的行为强制性地把这些法律条款“嵌入”了合伙合同之中、成为合伙协议的组成部分。

“合伙责任规则”,也即关于谁对合伙企业的债务负有最终责任的约定,也不属于《合伙企业法》强制要求合伙合同必须载明的事项之一,道理与前述相同。《合伙企业法》第 38 条规定:“合伙企业对其债务,应先以其全部财产进行清偿。”第 39 条规定:“合伙企业不能清偿到期债务的,合伙人承担无限连带责任。”这些强制性法律规范都成为合伙协议的默示条款。

具体到“怎么做生意”“谁负责经营”这些问题,也即“合伙经营规则”,被《合伙企业法》规定为合伙协议必须记载的事项。但是,合伙经营规则的核心内容或者基本原则也是被法律规定了的,也即《合伙企业法》第 26 条第 1 款第 1 项:“合伙人对执行合伙事务享有同等的权利。”什么是合伙事务,什么是执行合伙事务?合伙人共同执行合伙事务是怎样操作的?合伙人分别执行合伙事务又是怎样的形式?无论是法律规定,还是法理解说,对这些细节事项的表述都非常的笼统。以笔者作为律师事务所这个合伙的合伙人的观察和实际经历总结,合伙事务可用资金流入和流出划分为赚钱(做生意)、花钱两部分。赚钱多半靠自己亲力亲为,合伙人各自相对独立地开展业务,少数场合才需要多个合伙人或者合伙人集体去谈生意、履行业务合同。花钱则可以授权部分合伙人,不需要各个合伙人都参与。既然合伙人每个人对自己的行为负责,那么某个合伙人签订的合同产生的债务理应由该具体操办的合伙人首先负责偿还,全体合伙人共同对“合伙债务”向第三人负责的情形并不常见、并非常态,不能用特殊性代替一般性。综上,“合伙经营规则”的内容是:合伙人各自负责经营为主,合伙人各自对自己所经营的生意的债务负首要责任,全体合伙人对合伙企业的债务负最终责任。合伙人各自“平行”地展业、做生意、熟悉业务,可以很轻易地实现互相评价、互相监督。鉴于对其他合伙人所做生意可能产生的债务风险可预期,所以大家同意对合伙债务共同负有最终清偿的责任。这体现了合伙经营规则是如何对合伙责任规则产生影响的。

既然最终大家共同对债务负责,那么大家共同拥有的财产似乎是越多越好,但事实并非如此。合伙企业不是独立的财产权主体;合伙人是合伙财产的共有权人,合伙人的债权人在强制执行时依然可以执行被执行合伙人享有的财产共有权归属其的那部分。与合伙企业无关的合伙人个人债务会"殃及"合伙财产。而对于这些非合伙业务产生的个人债务,其他合伙人没有办法去预计、无法防范,唯有用尽可能地减少合伙财产的方式来防控。实践中的普遍现象是合伙企业财产比较少,大部分合伙企业只留有一些准备金、应急基金、发展基金,经营利润多半会及时分配给合伙人个人。

另外一个导致合伙财产少的原因是财产(物权)登记制度中的所谓"主体"问题。法律赋予了合伙以自己的"商号"签约、起诉和应诉的地位,但是对于合伙是不是能作为一个物权登记的主体,一直是有争议的,并且法律长期都没有明文规定。最典型的例子是合伙企业曾经在很长一段时间内无法开设证券账户,无法在证券市场上买卖股票。直到2009年中国证券监督管理委员会(以下简称中国证监会)修订《证券登记结算管理办法》《中国证券登记结算有限责任公司证券账户管理规则》,中国证券登记结算有限责任公司才颁布《合伙企业等非法人组织证券账户开立业务操作指引》,为很多合伙制创业投资企业、风险投资企业扫清了运作障碍。根据该操作指引的规定,合伙企业开立证券账户时,必须提供"合伙人名单",填写全体合伙人的姓名/名称、有效身份证明文件号码、承担责任方式,承担责任方式填写"无限责任或无限连带责任"、"有限责任"或者"特殊普通合伙人责任"。合伙人或投资者发生变更的,企业应及时办理证券账户注册信息变更手续。这样的证券账户,体现了合伙以商号名义开户,实质权利人是合伙人。但是,据笔者所知这个模式尚未被其他财产登记机关广泛地采用。

因为合伙企业这种商业组织形式购买房产等高价值财产存在各种自身的、外部的"困难",所以除了搬迁、租赁新办公场所等商业发展计划会需要单独地向合伙人集资外,合伙人的出资基本上局限在每年经营费用预算范围内。合伙企业每年做好预算,争取准确地预计各项费用开支,以合伙人预付或者从上个年度的收入结余中结转的方式预付款,年底结算,少补、多不退(结转)。结转的这部分,往往被看作合伙人出资,实际上是未来年度的费用准备金而已。真正的合伙人共同出资往往是刚开始经营时的投入,以及日常预算外的扩张计划所需资金投入,这些投入往往随着时间转化为经营成本、消耗了。为了抵御风险、准备未来发展大计而设置的风险基金、发展基金等所谓的“公共积累”，才是真正意义上的“合伙财产”。由于没有税收上的好处，所以积攒这部分合伙财产的动机不强，一般价值都不会高。

综上，合伙协议中的“合伙经营规则”“合伙责任规则”限制了能加入合伙这个“共同体”的人员范围，“合伙财产规则”限制了合伙企业筹集大额资金的能力，导致合伙企业模式不适合用于从事大规模、需要长期持续性资金投入的高风险生意。为了满足大投入、高风险生意的需求，商业社会需要设计新的合伙企业协议规则。

2/

从合伙到有限合伙

《有限合伙合同》是为了满足特定的商业需求而设计的。在传统的《合伙协议》的基础上,把不能满足商业社会需要的那些规则删除或者修改,添加能满足需要的新合同规则,最终形成一个逻辑自洽的老合同的升级版或者一个全新的合同。

商业需求的一部分来自一些想参加到合伙生意中但是又不想负责经营或者有钱但没有能力经营的人,也即现代商业社会所说的“被动投资人”。在现有的合伙企业中,也有一些合伙人不想亲力亲为执行合伙事务,他们便授权委托其他合伙人负责执行,这样的授权有必要从临时性的转为制度化的。例如,历史悠久的合伙企业的价值主要体现在品牌这个无形资产,合伙人去世,如果采用退伙的方式结算,会非常复杂,很可能需要从头到尾算个总账,而且极易产生纠纷;如果不采用退伙方式处理,合伙人的继承人会加入合伙中,但是他们并不会经营,原本合伙人是同一类人,结果变成了两类人。需要在合伙框架中设计公平合理的新合同规则来协调两类人的利益。

从外观上看,有限合伙与普通合伙的明显差异就在于名称中的“有限”这个词。“有限”这个词标志着普通合伙合同的财产规则、经营规则和责任规则都被修正、被限制。首先是合伙经营规则被修改。原本合伙人共同执行合伙事务的做法被废除,经营管理权集中到有限合伙人也即管理合伙人手中,一部分合伙人彻底地与经营脱钩。合伙经营规则被修改导致合伙责任规则也相应地发生改变。“谁经营谁对债务负最终的清偿义务”,按照这个逻辑,原本是全体合伙人共同负责经营、共同对合伙债务负最终责任,现在既然是部分合伙人负责经营,那么理应由负责经营的那些合伙人对债务负最终责任。只出资、不负责经营、承担有限债务责任的合伙人,被称为“有限合伙人”。负责经营的那些合伙人对合伙债务负最终责任,被称为“普通合伙人”。普通合伙人对合伙债务负有的清偿责任是没有金额上限的,承担的是无限责任。于是传统的《普通合伙合同》演变为特殊的《有限合伙合同》。

无论是普通合伙企业还是有限合伙企业,都用“商号”标识自己、对外做生意,在各个“商号”之下存在内容各异的合伙合同。因此,一个合伙企业与第三人做生意的时候,必须向第三人说清楚自己的合伙责任规则如何,尤其是谁负责经营、谁对债务负有最终的责任。有的交易对手会要求合伙企业提供合伙人名单,有的合伙企业自己会主动地以各种方式向第三人提供自己的合伙人名单。在实践中会看到我国香港特别行政区一些规模大的律师行的信笺纸、电邮中,都记录了一长串合伙人名字,似乎是一种广告宣传,其实这也是提供合伙人名单的一个方式。这样第三人、债权人能清楚地了解到当最糟糕的情形发生时究竟是哪些人会对债务负最终的责任。有限合伙企业与普通合伙企业不同,因此更加需要提醒第三人注意,只是其中的部分合伙人既负责经营又对债务负最终的责任。有限合伙企业自己的商号、企业名称中突出“有限”,用这个方式警示第三人:“对生意承担无限责任的债务人被限定在某些合伙人范围内”。

中世纪,意大利商人已经开始借助有限合伙方式从事地中海贸易。但是有限合伙企业被以成文法的形式在欧洲各国获得承认,已经是18世纪以后的事情了。在英格兰,直到1907年才制定有限合伙法案。[1] 早已有的合伙合同规则、商业惯例直到很晚才被制定为成文法,这显示出有限合伙企业的立法需求不如公司那么强烈,国家保护有限合伙企业的债权人的动力不强,有限合伙合同各方的利益、风险能够通过明确具体的合同约定、默示合同条款、商业惯例等方式平衡。

---

〔1〕 参见[英]罗纳德·拉尔夫·费尔摩里:《现代公司法之历史渊源》,虞政平译,法律出版社2007年版,第46~49页。

3/

从合伙到公司

为了满足特定的商业需求,商人在传统的《合伙协议》的基础上设计出新的、特殊的《有限合伙合同》,并创设出有限合伙企业这个新的商业组织形式。有限合伙企业的一个特点是管理合伙人(普通合伙人)须对合伙企业的债务承担无限责任,为了让合伙生意做大、提升竞争能力,需要进行债务融资,让部分管理合伙人认为企业的债务负担超过了其所能承受的范围,不愿意继续担任普通合伙人。这个“无限责任规则”让一些稳健、诚实守信的人犹豫不决,反而有一些大胆狂徒、不良商人却无所畏惧,肆意地通过虚假承诺等方式在社会上招摇撞骗。如何克服这个缺点、改良《有限合伙合同》,成为新课题。

设计新合同,首先需要重新设计的是责任规则。新设计的目标是:“生意”的经营管理者不对“生意”的债务承担无限责任,不论是经营管理者还是出资人,全都不对“生意”的债务承担无限责任。能实现这个目标的唯一的解决方案是让“生意”对自己的债务向第三人负责。为了能让第三人相信“生意”有能力对自己的债务负责,就必须让“生意”有独立的财产所有权,而做到这一点的唯一办法就是出资所形成的财产以及“生意”经营的收益必须都归属于这个“生意”,并且独立于出资人。为了彻底地向第三人保证财产、使经营独立于出资人,出资人不被允许直接管理“生意”、支配“生意”的财产,而是必须选择独立的管理者来负责“生意”的经营管理。一系列新设计的结果是出现了“三个分离”:第一个分离是“生意”的经营管理者与其经营管理行为所产生的“生意”的债务分离;第二个分离是出资人与“生意”的财产所有权(含债务)分离;进而衍生出第三个分离,即出资人与“生意”的经营管理分离。这“三个分离”彻底地“打破”了合伙企业的责任规则、经营规则、财产规则这三个核心规则,但又产生出很多新问题:

(1)这个新的"生意"与合伙一样,有自己的商号,但与合伙的不同之处是它有自己独立的财产所有权,如何用一个新概念将它与传统的合伙、有限合伙区别开来?

(2)出资人与"生意"的财产所有权(含债务)分离,出资人不享有财产所有权,与"生意"依然保持合同(债)关系。那么这个合同的内容该如何设定,才不影响公司和第三人的合同关系?如何让第三人认为这个合同(债)不会损害"生意"的独立性,不会损害第三人的债权?

(3)出资人与"生意"的管理分离,"生意"又必须由真人来打理,那么由谁(真人、经营管理者)来负责经营管理?如何产生经营管理者?经营管理者对谁负责?经营管理者与经营管理行为所产生的"生意"的债务分离,经营管理者没有了债的压力所产生的动力、责任心,那么如何能让经营管理者尽职尽责地经营管理?如何能让第三人满意新的合同安排?

前述的这些新问题,需要一套完全不同于《有限合伙合同》的新合同来处理。与这个新合同同时产生的是若干新概念,例如:区别于合伙、有限合伙的"有限公司"概念;区别于合伙人的"股东"概念;区别于管理合伙人的"董事会"概念;区别于合伙(共有)财产的公司"资产"概念等。第一个新合同是股东与有限公司之间的《出资合同》。新生意的责任规则、经营规则、财产规则这三个核心规则均在《出资合同》中约定。有限公司是虚拟的,如果公司能像真人一样行动,则需要约束经营管理者、董事们的《董事会合同》。《出资合同》和《董事会合同》这两个合同组合在一起形成了《公司合同(组合)》。

《出资合同》是基础合同,前述的"三个分离"产生的诸多新问题中的绝大部分是被这个合同中的规则所解决的,在这个合同中约定了全新的责任规则、经营规则、财产规则。

股东依据《出资合同》获得"有限责任"保护。只要股东按照《出资合同》履行了出资义务,则对公司债务"无责任",即股东对公司债务有责任,也是限定在《出资合同》约定的出资义务范围内。这就是公司合同中最为基础的合同规则:"股东有限责任规则"。股东凭借《出资合同》中的"股东有限责任规则"对抗公司的债权人。但是,股东与公司债权人之间并没有合同关系,必须借助中间的公司。具体解决办法很多,最初能想到的是在公司与第三人的交易合同中增加一个说明条款。公司名称中,必须在"商号"的后面附加"有限"(limited 或缩写 Ltd.)这个词,这原本是一个带有危险警告意味的公开意思表示。[1] 借助这个方式告诉、提醒交易对手(第三人),“商号”自己对债务负责,“商号”的出资人、经营管理者都不会对“商号”的债务负责。不仅是在商号中必须加注“有限”字眼,1855 年英国的《有限责任法》还要求在所有的账单、信件、票据等上都必须用抬头的方式标出“有限”。[2] 每个交易对手都知道并且无法否认自己知道“股东有限责任规则”并且以此为前提自愿与公司交易,那么就在股东、公司、第三人之间形成了一个合意、一个合同规则,即:公司是所有权主体,公司对自己的债务负责(liability is limited to the business itself);股东保证尊重公司的所有权,对公司的债权劣后于普通债权;第三人不能就公司的债务向股东主张权利。有了这样的三方合意,“股东有限责任规则”才不是股东与公司的自说自话,才始能成立、能在商业社会站住脚。

前述的解决方法虽然比较原始,但是可直接观察、便于理解。在演变过程中,慢慢形成商业常识、商业惯例以后,先有司法判例支持“股东有限责任规则”,最终借助最有效率、更加简便的制定成文法的方式让社会普遍接纳了“股东有限责任规则”。但是,如果不记得公司演变历史上曾经有过的各种实务做法,容易简单地认为“股东有限责任规则”仅仅是股东与债权人之间的默示合同条款。[3]

根据《出资合同》,出资人同意确认自己的出资被投到了这个“生意”(公司)以后自己成为“股东”,同时失去原本拥有的财产所有权,公司通过《出资合同》独立地享有财产所有权;作为合同对价,公司对股东负有约定的合同义务,其中最重要的一个义务是财产方面,也即返还清算剩余财产的义务。于是,从诞生之时开始,理论上,公司就有两个不同类型的债权人:股东这个特殊债权人和普通债权人(第三人)。股东这个特殊债权人利用“股东有限责任规则”对抗普通债权人,但这并不是无条件的。为了能够让普通债权人认可公司是独立实体,《出资合同》必须规定股东对公司的合同债权劣后于普通债权人,只有在普通债权人得到完全清偿之后公司才能返还清算剩余财产给股东。

股东的债权人对股东有债权,股东对公司有债权,形成一个债务链条。如果股

---

〔1〕 参见[日]上村达男:《公司法改革——公开股份公司法的构想(中日文对照本)》,中国证券监督管理委员会组织编译,法律出版社 2015 年版,第 47 页。

〔2〕 参见[英]罗纳德·拉尔夫·费尔摩里:《现代公司法之历史渊源》,虞政平译,法律出版社 2007 年版,第 120 页。

〔3〕 参见[美]莱纳·克拉克曼等:《公司法剖析:比较与功能的视角》,刘俊海、徐海燕等译,北京大学出版社 2007 年版,第 10 ~ 11 页。

东的债权人还停留在旧事物也就是合伙的思维模式，自然而然地会把公司当作合伙企业，要求公司“退股”并用退股得到的钱抵偿债务。为了避免这个局面，进一步地向第三人保证公司有独立的财产所有权，需要想办法“切断”这个链条。《出资合同》约定：股东的债权人只能通过转让公司合同等方式执行股东的合同权益，不能直接执行公司的财产，也即公司不能与股东的债权人发生任何的直接债务关系。公司、普通债权人（第三人），可以设法凭借该合同约定对抗股东的债权人。但是，这样的合同约定对股东的债权人能否有约束力，不得而知，并且几乎无法让公司避免卷入众多的股东债务纠纷、难以正常经营。最终还是需要借助最有效率、更加简便的制定成文法的方式来解决。

显而易见，股东有限责任规则，不仅关系到股东，而且关系到股东的债权人、公司、普通债权人（第三人）。股东有限责任规则与公司独立财产规则，是一体两面，无法分离的。

与责任规则一样，公司的经营规则，不仅关系到公司，还关系到股东、普通债权人（第三人），需要由《出资合同》和《董事会合同》组合起来构建。公司的管理规则分布在这两个合同之中。

《董事会合同》与股东的关系，首先是义务、责任方面的，其次才是利益方面的。公司的管理规则的第 1 条，就是股东必须在人、财、物 3 个方面全面地尊重公司的独立实体（法人）地位，不能干涉公司的经营管理，不能直接支配公司的财产。股东虽然不再直接与公司经营管理发生关系，但是不等于完全断了联系，通过《出资合同》仍然存在间接联系。在合伙企业中，不执行合伙事务的合伙人尚且有权利监督执行合伙人，那么为什么公司的股东不可以对董事会拥有监督权呢？如果把股东选择管理者解释为一种监督手段，那么公司的债权人或许可以接受这个安排。但是，如果股东选择的管理者完全听命于股东，这与股东直接管理又有什么区别呢？于是还需要设计一些补充规则并写入《董事会合同》中来解决这个问题。

换个视角我们会发现，《董事会合同》的核心内容不仅与股东有关系，还与保护公司的债权人有关系。合同规定董事自己单独没有权利，必须是董事会集体行使职权；董事必须诚信、公正、独立地作出商业判断，不应该受股东和其他董事的影响。这个规则意味着董事虽然由股东选任但是必须独立于股东，股东不能干预董事的行为。董事彼此地位平等、一人一票，集体决策时，利益不完全相同的董事之间存在某种程度的微妙的制衡关系，个别不诚信的董事的举动被其他诚信的董事监督、抑制。

唯有如此才能取信于公司的债权人。

《出资合同》是基础合同,《董事会合同》是核心合同,两者都非常重要、不可或缺。围绕着这两个合同,还有其他补充规则、操作规则等附属性质的合同规则,它们与这两个合同密切关联,组合起来形成一个有机体、一个特殊的组合合同——公司合同组合。

合伙合同构建的合伙企业,有"商号"这个名,可以用"商号"缔约、成为合同主体,也可以用"商号"名义参加诉讼、成为诉讼主体,但始终没有自己的财产所有权,也就是"有名无实",无法被认为是一个实体。由公司合同组合构建的公司,独立地拥有财产所有权,从合伙的有名无实发展成为有名有实的实体,成为一个被商业社会、整个社会(法律)承认的实体(法人)。

公司法通过强制性法律规范设定了《出资合同》和《董事会合同》的核心规则,不允许股东自由地约定某些核心内容。例如,在股份有限公司范畴,《出资合同》被强制地规定为"实缴制",也就是必须在签订《出资合同》后尽快履行出资义务,履行出资以后才能成为股东,被载入公司股东名册。在整个公司范畴,都必须设置董事会并且规定董事的法定职权,也即成立公司必须签署《董事会合同》并且该合同的内容几乎都被法律强制性地规定好了。这充分证明了《出资合同》和《董事会合同》在构建公司过程中的重要性。

本书前面的分析在很大程度上是运用"逆向工程"设计方法进行模拟,论证了可以在合伙合同的基础上设计新的《公司合同》来构建、拟制公司这个新事物。在实务中,公司怎么向第一次做生意的交易对手解释自己这个新事物呢?难道每次做生意都要把一大堆或许包含了隐私、商业秘密的合同拿出去给交易对手看吗?公司合同还会被不断地修改,要看清楚合同全貌可能要翻阅大量历史文件,这样做显然不合理也没有效率。那么如何让股东的债权人接受公司这个不同于合伙的新事物呢?出资人破产,如果殃及公司、导致公司资本减少,必然会撼动公司的财产基础。公司可以用《出资合同》对抗,但是毕竟打官司非常麻烦,公司运营会受到严重干扰。这些现实问题显然不是合同本身可以解决的问题,必须跳出合同、借助合同外的方法。立法机构、司法机构通过立法和判例帮助商业社会把已经成为惯例的规则定型化。国家在拟制公司的过程中的作用非常大。《公司合同》具有可行性,公司被承认为法人,与立法有密不可分的关系。1602 年,英国国王查尔斯二世颁布了一部关于破产的法令,彻底解决了股东债务独立于公司这个问题。[1] 19 世纪中期以前,在英国,公司出资人须对公司债务承担无限责任是原则,缴纳出资以后不对公司债务承担责任是例外。1855 年英国政府颁布《有限责任法》,解决了这个长期横亘在公司出资人与公司债权人之间的难题。[2]

非常明显,与合伙合同、合伙企业不同,公司合同、公司更加迫切地需要国家的法律承认和保护。这或许可以解释为什么在英国合伙早于公司出现并定型,但是成文的合伙企业法却晚于成文的公司法被制定出来。

---

〔1〕 See Charles Ⅱ, 1662, An Act declaratory concerning Bankrupts, in Statutes of the Realm: Volume 5, 1628 – 80, ed. John Raithby (s. 1, 1819), p. 419 – 420. British History Online http://www.british-history.ac.uk/statutes-realm/vol5/.

〔2〕 参见林少伟:《英国现代公司法》,中国法制出版社 2015 年版,第 73 ~ 74 页。转引自 Phillip Blumberg, *Limited Liability and Corporate Groups*, 11 Journal of Corporate Law 573 (1986).

4/

《公司合同》是真实的合同

《公司合同》是真实的合同,不是捏造的。这个命题与我们如何看待公司法有密不可分的关系。用合同思维看公司法,它就是一个标准化的定型合同,提供了大量的标准化合同规则。为了满足不同的商业需求,公司法需要具有灵活性,除了标准化合同规则外,也补充提供了一些非标准化的合同规则,供商业社会自由选择使用。例如,允许小规模公司不设置董事会,只设置 1 ~ 2 名董事。当然,除了合同规则以外,公司法还包含了大量的为保护公司债权人、维护社会秩序而设计的行政法律规范、侵权法律规范。立法者提供的这些非合同范畴的规范也一起参与塑造了《公司合同》,为《公司合同》被诚信地履行"保驾护航"。

《公司合同》是真实的合同,不是捏造的。这个命题与我们如何看待公司章程有密不可分的关系。用合同思维看公司章程,它把零散的《公司合同》的各个部分有机地组织起来。设立公司必须制定章程,也即必须签订《公司合同》。公司章程对公司、股东、董事、监事、高级管理人员(以下简称高管)具有约束力,这个约束力可以说是法律约束力,也可以说是法律约束力中包含章程作为一个合同而具有的约束力。公司章程应当载明股东的出资方式、出资额和出资时间,这些都是《出资合同》的核心内容。公司章程应当载明董事会的产生办法、职权、议事规则,这些都是《董事会合同》的核心内容。

公司的发起人、管理者借助公司法与公司章程,可以很容易地向投资人讲解公司的特点、优势,公司成立后也可以很容易地向合同相对方解释自己的法律地位,解释股东与公司在财产权方面的关系,解释股东、公司、普通债权人三方在债务责任方面的关系。普通债权人可以通过阅读公司法,从总体上了解《公司合同》关系的内容;可以通过进一步阅读《公司章程》,从细节上了解某个具体的《公司合同》是如何在法律允许的框架内自行进行了设计,有哪些新合同规则。对那些希望发起设立新公司的人、投资入股现有公司的人,以及希望转换形式的其他商业组织来说,公司法起到了“广而告之”的作用。当政府、立法者通过颁布示范公司章程的方式提供了标准化的定型《公司合同》以后,设立公司的过程变得越来越简便,大大地减少了磋商成本。一个合同规则被纳入公司法之中,成为法律规范,甚至成为公司赖以成立的基本条件,这并不会使该合同规则失去本身的合同属性。

在英国,公司章程一般被认为是法定合同,而非单纯的自治规章。英国《公司法》(2006 年)(Company Act 2006)第 33 条规定公司宪章(包含公司章程)对公司和其他成员具有相同的约束力,如同它们是公司和每个成员达成的遵守那些条款的契约。[1] 德国《有限责任公司法》规定公司的设立程序始自“公司合同”(Gesellschaftsvertrag),该法律的附录中提供的“模范章程”将设立程序中必须具备的 3 种文件,即《公司合同》、股东名册、经公证人公证的设立纪要合并为一份证书文件。长期以来,《公司合同》的法律属性问题在德国法学界学术理论上是个难题,因为《公司合同》既规范股东之间的法律关系,又构成德国有限责任公司作为法人的规范基础(章程)。[2] 我国学者也多认为章程是具有契约属性的、体现私法自治的特殊协议,是实现公司自治的自治规则。[3]

尽管公司章程没有被我国法律明确规定为合同,但是我们依然能发现很多形式上完美的合同存在于我国公司法中。例如,《公司法》(2008 年修正)第 79 条中的“发起人协议”、《公司法》(2023 年修订)第 43 条中的公司“设立协议”。

民事行为之间的约定,就是合同,即便是口头合同也是合同。是不是真实的合同,不能单纯从书面形式上观察,当然也不能单纯依赖完整的合同结构来寻找。这些散落在公司法中的“合同片段”、具体合同规则,通常以“约定”“章程规定”这样的字眼、用词显露出自身的合同属性。“章程规定”与“章程约定”,语义上是一个意思。例如:《公司法》(2023 年修订)第 49 条规定:“股东应当按期足额缴纳公司章程规定的各自所认缴的出资额。股东以货币出资的,应当将货币出资足额存入有限责任公司在银行开设的账户;以非货币财产出资的,应当依法办理其财产权的转移手续。股东未按期足额缴纳出资的,除应当向公司足额缴纳外,还应当对给公司造成

---

[1] 林少伟:《英国现代公司法》,中国法制出版社 2015 年版,第 111 页。

[2] 参见[德]托马斯·莱塞尔、吕迪格·法伊尔:《德国资合公司法》,高旭军等译,上海人民出版社 2019 年版,第 561 ~520 页。

[3] 参见范健、王建文:《公司法》,法律出版社 2011 年版,第 196、203 页。

的损失承担赔偿责任。”第 64 条第 1 款规定:“召开股东会会议,应当于会议召开十五日前通知全体股东;但是,公司章程另有规定或者全体股东另有约定的除外。”第 210 条第 4 款规定:“公司弥补亏损和提取公积金后所余税后利润,有限责任公司按照股东实缴的出资比例分配利润,全体股东约定不按照出资比例分配利润的除外;股份有限公司按照股东所持有的股份比例分配利润,公司章程另有规定的除外。”

如果认为《公司合同》组合中有个别合同是“捏造”的,那么这个“捏造”的合同或许是“代位合同”。笔者没能深入研究代位合同规则是如何自然演化生成,被理论总结并归纳写入法律之中的。由于现实中几乎无人签署代位合同,所以代位合同往往体现在法律理论、法律条款中,或许可以认为是它立法者“拟制的”。

1999 年出台的《合同法》(已废止)在“合同的履行”一章第73 条对代位规则(制度)作出基本规定:“因债务人怠于行使其到期债权,对债权人造成损害的,债权人可以向人民法院请求以自己的名义代位行使债务人的债权,但该债权专属于债务人自身的除外。代位权的行使范围以债权人的债权为限。债权人行使代位权的必要费用,由债务人负担。”最高人民法院在 1999 年出台的《关于适用〈中华人民共和国合同法〉若干问题的解释(一)》(已废止)中,对如何行使代位权提起诉讼作出细化规定。《民法典》合同编在第五章(合同的保全)中详细规定了债权人代位权制度,第五章第 535 条第 1 款规定:“因债务人怠于行使其债权或者与该债权有关的从权利,影响债权人的到期债权实现的,债权人可以向人民法院请求以自己的名义代位行使债务人对相对人的权利,但是该权利专属于债务人自身的除外。”

代位规则并不是《公司合同》范畴独有的。《合伙企业法》第 41 条规定:“合伙人发生与合伙企业无关的债务,相关债权人不得以其债权抵销其对合伙企业的债务;也不得代位行使合伙人在合伙企业中的权利。”《合伙企业法》第 42 条第 1 款规定,“合伙人的自有财产不足清偿其与合伙企业无关的债务的,该合伙人可以以其从合伙企业中分取的收益用于清偿;债权人也可以依法请求人民法院强制执行该合伙人在合伙企业中的财产份额用于清偿。”虽然《公司法》并没有像《合伙企业法》那样清晰地规定代位规则,但也是有迹可循的。例如,《公司法》(2023 年修订)第 54 条规定:“公司不能清偿到期债务的,公司或者已到期债权的债权人有权要求已认缴出资但未届出资期限的股东提前缴纳出资。”

综上,在公司范畴,代位合同规则是真实存在的。在拟制过程中,需要一个规则妥善解决股东、公司与债权人的关系,得到债权人承认的公司独立法人地位规则、股东有限责任规则才有意义。不理解代位合同规则,很容易误解涉及债权人保护的公司法法条。在本书后面分析逃避债务的违约行为和侵权行为的章节中会再次述及这个规则。

5/

英国东印度公司:从合伙发展到公司

前面尝试分析从合伙到有限合伙、再从有限合伙逐步发展到公司原型、最终定型为现代意义的公司的过程中合同规则是如何被设计出来满足商业动机,尝试分析合同规则如何体现了博弈及其结果。前述模拟、分析并不是凭空假想、模拟。“对历史细致的观察,促使研究者更深刻地认知规则建立的根基”。[1] 回顾现代公司的起源、发展史,对本书研究的课题非常有帮助。

学术界通说认为,最早的股份有限公司是英国东印度公司,而荷兰的东印度公司也具有典型意义。[2] 据日本学者大塚久雄于 1938 年撰写的《股份公司发展史论》介绍,在 1600 年英国东印度公司、1602 年荷兰东印度公司成立前,欧洲已经有商人团体采用集资、“船舶共有”的方式从事与两个东印度公司类似的生意。这类商人团体被称为 Pioneer Company,被日本学者翻译为“先驱公司”。[3] 但笔者认为翻译不准确,容易造成对 Company 这个词的误解。Company 的语义是有着干事业、贸易等共同目的的一群人。[4] 不考虑与现代法律概念对应的话,可以被翻译为“商团”;如果考虑对应关系、便于理解的话,可以被翻译为“有限合伙”。本书采用的译文是“先驱商团”。

先驱商团与初期的英国东印度公司在各个方面都相同或者高度类似,从事高风险的远洋国际贸易,这类生意的一次远航需要两艘以上的商船组成舰队互相支援、照应,为了远航需要信誉良好的商人作为发起人,筹集足够的本钱购买商船、设备、

---

〔1〕 [美]斯蒂芬·M. 班布里奇、M. 托德·亨德森:《有限责任——法律与经济分析》,李诗鸿译,上海人民出版社 2019 年版,第 413 页。

〔2〕 参见范健、王建文:《公司法》,法律出版社 2011 年版,第 35 页。

〔3〕 参见[日]大塚久雄:《股份公司发展史论》,胡企林等译,中国人民大学出版社 2002 年版,第 294 ~ 316 页。

〔4〕 See Longman Dictionary of American English, Longman Inc. , 1983.

用于易货贸易的贵金属、雇佣舰长、船员等的开支,并不借钱或者也没有谁愿意借钱给风险如此之大的生意;一切就绪后出航,因为季风等原因需要一年以后才能返航。顺利归航,就卖掉全部货物,甚至舰队本身,进行一次总结算,按照事先的合同约定把清算所得的钱分配给出资人。一次性筹资、一次远航、一次性结算分账,这个生意就是一次性的。如果第一次冒险成功了,或许会继续发起新的远航,但需要重新开始,是另外一个全新的生意。[1]

先驱商团的生意,体现了现代意义的有限合伙的3个主要特征:

(1)生意的管理人,也就是当时所谓的董事(director),集体对债务负责,形同现代意义的管理合伙人、普通合伙人的角色。

(2)部分出资人(财务投资人)只负责完成自己的出资义务,然后就与管理、与生意的债务没有关系了,坐等分配。早在先驱商团这个时期,生意的管理就与一部分为生意提供资金的出资人分离了,生意的债务也与这部分出资人分离了。

(3)董事们与"财务投资人"的合同关系是合伙关系,包括商船在内的这盘生意的所有财产都是共有的;如果商船沉没了、被打劫了,大家都一无所有。董事们集体负责管理、也对债务负最终的责任。所谓的"资本充足原则"在这个生意中体现得非常充分。为了尽量减少自己的风险,董事们要极力地筹集本钱,他们绝对不愿意看到因"资本显著不足"而不得不去借债、债务最终落到自己头上的情形。如果筹资失败就干脆放弃这一次的努力,期待下一个机会。

在先驱商团的生意模式中,各方的"责、权、利"非常清楚、高度和谐。谁负责经营谁对经营产生的负债承担最终的责任;大家一起出本钱一起对失败承担风险,赚钱了按照约定分享收益。因此这个模式、模式的合同规则也被后起之秀英国东印度公司所效仿。

彼时还没有政府登记机关、办理公司登记的做法,能与现代意义的公司登记大体对应的概念是"国王特许"。无论是先驱商团还是英国东印度公司,都需要发起人向国王申请,获得颁发的Charter。Charter这个重要法律文件,并没有规定东印度公司的性质是什么,只能对照现代公司法尝试从它的内容中提炼总结出3个方面的含义:

---

[1] 参见[荷兰]费莫·西蒙·伽士特拉:《荷兰东印度公司》,倪文君译,东方出版中心2011年版,第10~12页。

（1）政治含义。这个生意的发起人除了商人们以外，还有野心勃勃的希望与其他欧洲海上强国竞争的英国贵族，他们的企图并不局限于赚钱，还包括扩展王国的势力范围。通过这个法律文件，国王同意与最主要的发起人卡姆伯兰德（Cumberland）伯爵、215个发起人共同组成一个"政商联合体"，也就是文件中记载的"The Governor and Company of Merchants of London trading to the East Indies"。在很多著述中，这个"政商联合体"的名字被误认为是英国东印度公司的名字。"Governor"（统治者、总督）这个名头具有鲜明的政治色彩。Charter 中记载了国王任命一名贵族出任总督。

（2）法律意义。根据该法律文件，英国东印度公司被允许购买大量的金银等贵金属出境、去海外易货贸易，凭该文件就可以办理海关手续。根据这份文件，东印度公司还可以获得税收优惠，也可能要缴纳特别的许可费等。当然它也必须遵守国王后续颁发的各种法令。因此，完全可以认为 Charter 是为这个大生意、国家大战略而制定的单行法。

（3）商业组织意义。英国国王颁发给英国东印度公司的第一个 Charter 上记载的商号是"East India Company"（东印度公司）。这个商号不同于商人们私下为自己的生意所起的名字。除了商号，Charter 还规定了东印度公司的管理规则：总督和24名委员组成的"委员会"负责管理航海、装备、贸易等全部事宜。总督、副总督、委员每年选举一次；第一任总督由国王任命；选举的时候，总督或副总督必须在场；东印度公司有权利制定自己的"章程"（constitution）。

Charter 被很多学者翻译为"国王特许状""皇家特许状"，但这并不准确。或许是因为研究英国东印度公司历史的主要是历史学家、经济学家，往往忽略了 Charter 的主要含义，反而把重点落在了次要的贸易许可部分。1694年英国国会立法允许任何英国公民都有与东印度群岛进行贸易的同等权利。国王还发出过同样的 Charter 给另外两个商团，只不过这两个商团都被英国东印度公司兼并了。[1]

历史悠久、世界著名的金融集团"渣打银行"起源于北美的 Chartered Bank of Americas。该公司的前身在商号中把 Charter 放在了首要位置，凸显了 Charter 的重要意义。一个商号是商人们自己起的，还是得到了国王或者政府的承认，意义是完

〔1〕 参见汪熙：《约翰公司：英国东印度公司》，上海人民出版社2007年版，第72～74、79～80页。转引自 Beveridge Henry, *A Comprehensive History of India-Civil, Military and Social*, New Delhi, 1980, p. 478。

全不同的，对于格外注重信誉的银行业而言，尤其如此。对外做生意、签合同时，向交易对手披露我们不是普通商团而是 Chartered Company，有很强的增信作用。据学者介绍，与英国东印度公司同时期还存在大量的不正规公司（unincorporated company），在它们的商号中就不会有 Charter 这个词。

综上，参照《联合国宪章》（Charter of the United Nations）的翻译，英国东印度公司的 Charter 被翻译为“宪章”或者“章程”都好过“国王特许状”。从拟制一个实体的角度看 Charter，它有类似现代公司登记注册证明的作用，标志着某个商号得到政府承认、被承认是财产权主体。

早期的英国东印度公司与先驱商团比较，两者最大的差异是合同期不同。先驱商团的合同是一次性的短期合同，合同期通常不会超过 2 年。而英国东印度公司的合同是长期合同，初始合同期就是 15 年，最终合同存续期长达 200 多年。合同期是一个合同的核心要素、基础规则，基础规则的变化必然会导致合同中附属性、操作性、执行性的其他规则也随之发生变化，从而在逻辑上能与核心、基础规则保持一致。英国东印度公司合同的长期性注定其早晚需要修正先驱商团的合同模式，从有限合伙模式发展到公司模式。

但英国东印度公司的发起人或许急于集资、获取巨大的商业成功以后再谋划转变合同规则，也可能是用国王熟悉的先驱商团模式更容易获得批准的缘故，总之，在英国东印度公司成立最初的几年，采用的是几乎与先驱商团一模一样的短期合同模式。英国东印度公司成立以后，募集到资本金 7.20 万英镑，在 1601 年 5 月 2 日商船舰队开启了首次远航，1603 年舰队回到英国、获利颇丰。这一次短周期的、与先驱商团“一次性”模式高度类似的航海贸易，被称为“第一航海”。随之而来的是为“第二航海”再次集资，1604 年商船舰队出航并于 1606 年返航，大获成功。1607 ~ 1609 年又筹建了第三次、第四次和第五次航海，但是第四次航海的船队遇难、以失败告终。从 1612 年英国东印度公司才开始改革先驱公司模式，用覆盖 4 年期间的资金需求预算来筹资，这被称为“第一个长期计划”。该计划预计在 1613 ~ 1616 年分 4 次筹集齐所需资金，实际上在 1612 ~ 1616 年共筹到 42.90 万英镑。1617 年公司开始第二个长期计划的筹资，认缴出资总额达到了空前的 162.04 万英镑。但是，由于与荷兰东印度公司的竞争导致经营不景气，甚至有出资人明示拒绝缴纳资金，公司财务状况恶化。此时董事们不仅拒绝分配前期的清算剩余价值，还要求出资人追加 6.25% 的出资。公司的第三个、第四个长期计划都接近失败，不得不回归到早期的

"一次性"生意模式，筹资、经营和清账呈现的是临时性，如同一个大集团公司中存在由总部董事会统一管理的多个子公司的状态。[1]

英国东印度公司后续的演变过程比较复杂，英国公司法的诞生与演变历史涉及大量的普通法案例，非常复杂。本书不是公司演化史记，我也不是公司法制史学者，故不再详述。用合同思维观察、总结英国东印度公司法演化历程，这是一个不断尝试、修改完善合同规则的过程。商业实践、司法实践以及立法过程中的争论，一起塑造了公司合同。在普通法国家，法院从法律角度如何不断地改变对新事物性质的看法，如何认识到合伙与公司的在合同规则上的核心区别，对于确立公司的合法性无疑非常重要。[2] 如果法院、国家不认可合同规则的合法性，那么所有的合同规则设计都是徒劳的。被认为现代股份公司起源的英国东印度公司成立于1600年，但是直到1855年英国国会才制定了有限责任法案。该法案很快就被更加成熟的1856年公司法所替代，现代公司法的很多规范都可以在它那里找到出处。例如，第一次引入了以章程方式成立公司。1856年公司法还追溯既往，此前原本存在的公司的Charter应该被视为公司法意义的公司规则。[3]

---

〔1〕 参见汪熙：《约翰公司：英国东印度公司》，上海人民出版社2007年版，第28～30页。转引自Wilbur, Marguerite Eyer, *The East India Company and the British Empire in the Far East*, New York, 1970, p.60。参见[日]大塚久雄：《股份公司发展史论》，胡企林等译，中国人民大学出版社2002年版，第393～398、416～417页。

〔2〕 参见[英]罗纳德·拉尔夫·费尔摩里：《现代公司法之历史渊源》，虞政平译，法律出版社2007年版，第39～42页。

〔3〕 参见[英]罗纳德·拉尔夫·费尔摩里：《现代公司法之历史渊源》，虞政平译，法律出版社2007年版，第118～132页。

6/

公司依据《出资合同》取得的财产所有权上有“债务负担”

公司是拟制出来的实体,从无到有,在一开始并不拥有任何财产,也没有任何财产所有权。是出资人订立的《出资合同》让公司获得了财产所有权。当股东履行了出资义务,股东就失去了对自己本来拥有的财产的所有权,与此同时,公司作为合同相对方获得了自己的资产。资产,财产是两个高度近似的概念。资产在公司范畴被普遍地应用,具有区别于财产的特殊含义。资产,不单纯是物、财产,资产是一个复合概念,包含了财产以外的与债有关的含义。顾名思义,资产这个词中包含的“资”这个字,体现了它与股东出资的关系(债);“产”这个字,体现了它与财产的联系。财产是静态的,资产是动态的,动因来自合同。对于守财奴葛朗台而言,藏在地窖中的金币是财产,但不是资产。对于股东而言,他们拥有的钱就是钱(money),但是当钱被作为出资投到了公司,钱的所有权归属于公司以后,对这笔钱的称呼就发生了改变,被称作“现金”(cash),属于资产中的“货币资金”,属于公司资产的一部分。股东作价投到公司的房屋,具有经营属性以后被称作“固定资产”(fixed asset)。当公司停业、清算时,就不再需要使用资产这个概念,代之以“清算剩余财产”。

实践中使用资产这个概念,突出了它的特殊性,体现它是一个负有合同、债的财产。具体分析这个特殊性,可以看到两个层次的内容。第一个层次的内容是资产体现了这个财产上有“债务负担”(债)。“负资产”这个概念清楚地体现了这一点:资产的价值变动过程中遇到了非常不利的场景,其中包含的财产的内容,其市场价值低于财产上所负担的债务。最极端的结果是财产价值归零,一文不值。因此负资产是常见的说法,但没人会说负财产。资产这个概念的第二个层次的内容是体现了它是经营性财产、是动态的。形成动态的动因也是实际履行情况变化不定的债、合同。公司在经营过程中不断地与社会发生合同关系,产生的收益及债务都是变动不定的。

人类精心设计的用来描述公司活动的会计语言,也能证明前述观点。借用一个简化的公司模型的资产负债表来说明:公司刚刚成立,只与股东存在《出资合同》,股东的出资义务是100元,还没有开展经营活动、订立其他合同时,公司的资产负债表如表1所示:

表1 公司成立初期的资产负债表

(总)资产	(总)负债
现金=0元	非因股东《出资合同》产生的债=0元
应收(股东)款=100元	所有者权益=因股东《出资合同》产生的债=100元
总额(与右侧相同)=100元	总额(与左侧相同)=100元

当股东履行了出资义务、100元被支付给公司,还没有开展经营活动、订立其他合同时,公司的资产负债表如表2所示:

表2 股东履行出资义务后的资产负债表

(总)资产	(总)负债
现金=100元	非因股东《出资合同》产生的债=0元
应收(股东)款=0元	所有者权益=因股东《出资合同》产生的债=100元
总额(与右侧相同)=100元	总额(与左侧相同)=100元

观察资产负债表在发生合同行为以后所出现的记账变化,会发现表格左侧资产端的每一笔资产都对应右侧的一个合同、一笔债。《出资合同》签订尚未履行,形成公司资产100元,同时形成公司对股东的债100元。股东履行《出资合同》、支付了100元,报表左侧资产端发生了变化,体现了股东履行了出资义务(应收款变成0元)、公司收到钱(现金变成100元)。同时,公司对股东的债没变化,报表右侧的负债端总额不变。

公司开展经营活动、订立一个买办公桌的合同,合同金额10元,但是没有付款,此时公司的资产负债表变动如表3所示:

表 3　公司开展经营活动后的资产负债表

(总)资产	(总)负债
流动资产(办公桌)=10 元	非因股东《出资合同》产生的债=10 元
现金=100 元	所有者权益=因股东《出资合同》产生的债=100 元
总额(与右侧相同)=100 元	总额(与左侧相同)=100 元

公司新增加的资产(办公桌)上负有一笔债,是通过报表的“左右平衡”原理体现出来的。

用合同思维看公司资产负债表,会发现它的设计很好地描述了合同行为的细节,恰当地反映了合同义务(债)与物的所有权的(合同)关系。公司开展经营活动(合同行为),获得新的资产并负担新的合同义务(债)。资产的构成和形态不断地发生变化,因此每个资产负债表都必须有一个时间限定,也即“基准日”。当我们说股东的财产时,当我们描述不被用于经营的财产时,根本不需要“基准日”这个概念。财产,对应的财产权,无义务负担,是绝对的。资产,对应的是不完全的财产权,有义务负担,义务是相对的。

综上,公司作为被拟制出来的一个实体,它的财产权“从无到有”全依赖合同,最初是依据其与股东的《出资合同》,开始经营后依据公司与第三人的业务合同、债务融资合同,以及新的《出资合同》。公司拥有的财产被称为资产,标志着每个财产权上都附加了“债务负担”,存在必须重视的合同义务。换言之,公司对自己的财产并不拥有完整的所有权。当公司盈利,清偿了所有外部(第三人)债务,在这个时点,公司资产上依然有“债务负担”,也就是负担了向股东返还清算剩余财产的义务(债)。[1]

〔1〕 参见[日]上村达男:《公司法改革——公开股份公司法的构想(中日文对照本)》,中国证券监督管理委员会组织编译,法律出版社 2015 年版,第 61 页。

7/

公司有哪些合同义务

公司是股东等利益相关方使用公司合同组合拟制的实体,是拟制行为的结果,但也在被拟制为实体后立刻成为公司合同的当事人之一。如果不认为公司是公司合同的当事人之一,那么自然会把公司章程、公司法规定的公司的义务认为是法定义务,按照组织思维、自治体思维等去分析和理解公司。那是另外一个研究路径。是否认为公司是公司合同的当事人之一,严重影响如何选择研究路径。

公司最主要的合同义务是在公司合同终止时进行清算并向股东返还清算剩余财产[参见《公司法》(2023 年修订)第 236 条]。这个合同义务与股东的出资义务形成义务和权利的对应关系,构成《出资合同》的对价。

先行清偿普通债务是公司履行清算剩余财产返还义务的前置条件,是在次序上需要优先履行的一个义务。约定这个前置条件的目的显然是保护普通债权人,从而最终能够实现实体的拟制。稍微换个角度也可以说这是在拟制实体过程中股东、被拟制的公司与第三人(普通债权人)所达成的协议,因此,除了最基本、最明显的出资义务外,股东还负有一个重要的、隐蔽的合同义务,即保证不要求公司、自己选任的董事会在没有清偿普通债权之前先向自己返还清算剩余财产。这个义务很隐蔽,但是在修改《出资合同》从而实质性地减少公司资本的场合中会凸显出来,此时,公司法规定债权人有权要求公司清偿债务或者提供相应的担保,用这个方式反对任何实质性的公司资本减少[参见《公司法》(2023 年修订)第 224 条]。这个义务在解除《出资合同》方面也有重要的但同样隐蔽的作用,在本书后面章节会再次述及这一点。

返还并分配剩余财产的义务中,包含在符合法定条件、合同约定条件时公司有义务以分配利润的方式预先返还清算剩余财产这个内容[参见《公司法》(2023 年修订)第 210 条]。还包含公司在符合合同约定条件时必须同意股权转让(合同转让)

的内容。只要不违法、不违反合同约定,公司必须同意股东转让合同(转让股权、转让股份),有义务更换出资证明书、更新股东名册、办理公司章程修改、办理登记事项变更等[参见《公司法》(2023年修订)第86条、第87条]。在返还清算剩余财产这个义务的基础上衍生出的这两个合同义务比较隐蔽,不被注意。

如果把公司当作一个长期、持久性的商业组织,就应该预计到公司存在期间可能不分配利润或者分配的利润非常少。而股东因为各种原因会有资金需求,可能手中有股权、股份但是没有现金而有变现的需求,因此公司合同中的财产规则必须被设计得能提供合理的灵活变化,除了分配利润外,也应当允许股东转让合同。如果公司长期不分配利润,股东无法预先收到清算剩余财产,可能会影响某些股东的生计,而不受到影响的其他股东希望继续保留更多的资本扩大再生产,短期主义与长期主义发生冲突时,就赋予某些股东以合理价格卖出股权、退出公司的合同权利。作为一个长期持久的商业组织,公司的管理者、经营目的和策略等都可能发生变化,个别股东或许并不认同这些变化,也应当被给予退出的机会,股权转让、公司购买自己的股份都是股东退出的方式,是剩余财产因特殊情形被提前支付。万变不离其宗,获得清算剩余财产是最彻底的收回投资和获得投资收益(如有)的方法。

综上,公司根据《出资合同》取得财产所有权,作为合同对价,公司有义务把清算剩余财产返还给股东。合同相对方最主要的合同义务,对应的必然是自己一方的合同权利。换言之,股东有权获得清算剩余财产是最基础、最基本的权利。大部分公司法教科书、论著是用权利的视角去描述这些内容,所用的概念是“收益权”“利润分配权”“转让股权/股份的权利”。

公司还负有接受股东监督合同履行的义务。公司接受监督是一个被动性行为,从主动作为一方也即股东的角度分析会更加顺畅、清晰,因此这个部分的内容留待下一个章节从股东的视角来分析。

8/

股东有哪些合同权利

“股东的合同权利”这个说法远远不如“股权”“股东的权利”这样的概念、表述更常见。主流的所有权学说认为,“股东的权利即由所有权产生的自益权和共益权”,“一方面,在公司存续期间,公司负有向债权人偿还债务的义务而没有向股东返还股本的义务,公司解散以后,首先要以股东出资的财产清偿债务,剩余的财产才能返还给他的所有者即股东”[1]。然而用合同思维看,股权、股东的权利的性质并不是所有权,而是合同权利,用“股东的合同权利”来表述更为贴切。本书前面分析公司负有向股东返还清算剩余财产的合同义务的时候,等于已经从另外一个角度说明了股东的一个非常重要的财产性质的合同权利。在本章节,回归股东的视角,详细分析股东的合同权利的其他内容,也即“合同监督权”。

从实务角度看,没有配套的手段,股东有权监督公司履行合同就是一句空话。股东监督公司履行合同的权利,必须借助《出资合同》《董事会合同》等公司合同组合中约定的各种“手段权利”来实现。在公司法法条中,手段权利多体现为“股东有权……”这样的形式。例如,股东有权查阅、复制公司章程、股东名册、股东会会议记录、董事会会议决议、监事会会议决议和财务会计报告[参见《公司法》(2023 年修订)第 57 条、第 110 条]。也有一些比较模糊的权利,在法条中体现为“股东可以……”例如,董事会不能履行或者不履行召集股东会会议职责的,由监事会召集和主持;监事会不召集和主持的,代表 1/10 以上表决权的股东可以自行召集和主持[参见《公司法》(2023 年修订)第 63 条第 2 款]。也有一些权利与公司的组织和管理有关系,隐含在这些规则中,往往体现为公司对股东的义务。例如,公司应当设置股东名册,股东名册应当记载股东信息。反过来讲就是股东有权要求公司在股东名

---

〔1〕 王利明:《论股份制企业所有权的二重结构——与郭锋同志商榷》,载《中国法学》1989 年第 1 期。

册中正确地记载股东信息[参见《公司法》(2023年修订)第56条]。

依据动用某个“手段权利”对股东的主体资格要求的差异,可以把在合同监督方面股东享有的“手段权利”划分为“股东个体监督权”“重要股东监督权”“股东集体监督权”3个层次。

股东与公司一对一缔结的《出资合同》约定了股东个体监督权的内容;但是由于《出资合同》的大部分内容被融合到公司章程之中,因此股东个体监督权主要体现在公司章程之中。既然《出资合同》是一对一的,那么就可能出现某个或者某些《出资合同》约定的特定股东享有的个体监督权利比较多甚至比较特别的情形。例如,在风险投资合同中常见的,高溢价入股的风险投资机构有权定期检查公司账簿,而其他股东只有公司法规定的一般意义的查阅权;如果风险投资机构的持股比例不足以令其提名董事会成员或者监事,则会特别约定该股东有权派出“观察员”列席董事会,享有更多的知情权等。

一般性的股东个体监督权可以归纳为包含6个手段,说明如下。

(1)股东代表诉讼[参见《公司法》(2023年修订)第188条、第189条]

董事、监事、高管执行职务时违反法律、行政法规或者公司章程的规定给公司造成损失的,他人侵犯公司合法权益给公司造成损失的,应当承担赔偿责任。有限责任公司的股东、股份有限公司连续180日以上单独或者合计持有公司1%以上股份的股东,可以书面请求监事会向人民法院提起诉讼;监事有前一句规定的情形的,前述股东可以书面请求董事会向人民法院提起诉讼。监事会或者董事会收到前一句规定的股东书面请求后拒绝提起诉讼,或者自收到请求之日起30日内未提起诉讼,或者情况紧急、不立即提起诉讼将会使公司利益受到难以弥补的损害的,前一句规定的股东有权为公司利益以自己的名义直接向人民法院提起诉讼。这就是股东代表诉讼。

当出现某个股东代表公司去诉讼,便证明了股东作为一个集体的无能为力。股东并非一个利益体,各自有各自的算盘。胜诉利益归于公司,全体股东间接地共同得到好处;但如果对于提起诉讼的股东而言获利太少,就不值得投入额外的资源。而且诉讼有风险,万一败诉,所有投入的资源都要自己承担,还可能产生自己的额外损失。一般而言,除非公司遭到的损失比较大,并且某个股东持股比例比较高,公司利益与自身利益高度一致,否则不会出现股东代表诉讼。诉讼有技巧,不是有道理就能赢,如果败诉了,其他股东和公司都无法用同一个事由再次起诉。如果因为技术上的原因败诉,还会给起诉的股东造成额外的信誉上的损失。显然股东代表诉讼是一个“终极手段”,除非不得已,股东不会自冒风险代表公司诉讼、保卫自己的“收益权”。这是一个比较典型的“手段权利”。

用合同思维看,股东是公司合同的一方当事人,股东起诉其他公司合同当事人,属于合同纠纷,诉讼的依据是合同,本质上属于直接诉讼,并非衍生诉讼。

(2)出席股东会议对审议事项表决

股东开会审议的都是大事,是否分配利润、分配多少留下多少,要不要发行新股增加资本,是否实施员工股权激励,等等,这些既是公司的大事,也与股东享有的“收益权”密切相关。股东会议审议的议案几乎都是董事会拟定、提交给股东的,股东会议的表决结果体现了股东与董事会在对“收益权”的判断方面是否一致。照常理,不论是股份有限公司还是有限责任公司,股东都会重视股东会议,积极出席,但事实并非如此。出席过公众上市公司股东会的人都会发现,大部分公司的股东会现场只有几个大股东现身;即使不费多少力气就可以在网上投票,中小股东投票的数量和比例也很少。显然大部分股东在大部分时间都很消极地对待开会和表决这件看起来非常重要的事,中小股东以实际行动表态:这个自己享有的个体性质的“手段权利”没多少实质意义。如果对议案不满意,他们可以在流动性非常高的证券市场上卖出股份,“用脚投票”或许是效率更高的手段。但是,不能轻易卖出股份的控股股东、大股东就非常重视这个“手段权利”。在非公众上市公司范畴,由于缺少现成的流动性强的股权、股份交易市场,所以不论大小股东都相对地更加重视开会和表决这个“手段权利”,寄希望这样能更有效地看护自己的“收益权”。

(3)向法院申请撤销决议或者宣告决议无效[参见《公司法》(2023 年修订)第 25 条]

公司股东会、董事会会议的召集程序、表决方式违反法律、行政法规或者公司章程,或者决议内容违反公司章程的,在法定时限内,股东可以请求人民法院撤销。现实中,除了公众上市公司的会议的规范程度很高以外,相当多的公司开会比较随意。个别股东比较“较真”,也有个别股东试图运用这个手段来获得谈判的筹码或者改变自己的不利谈判地位,发现会议的召集程序或者表决方式不符合法规或者公司章程就起诉,会给其他股东、公司运营造成比较大的干扰。因此,《公司法》(2023 年修订)第 26 条补充增加了一个“除外条款”:股东会、董事会的会议召集程序或者表决方式仅有轻微瑕疵,对决议未产生实质影响的除外。预计以后这样的诉讼会大幅减少。

(4)新增加资本时的优先认购权(参见《公司法》(2023 年修订)第 227 条)

公司增加资本、发行新股时,董事会先对必要性、发行方案作出商业判断,提交给股东集体审议。影响股东基本财产权利的商业要素有发行价格、发行对象和发行股份数。如果发行结果会彻底改变股权结构,例如,出现新控股股东或者原本的控股股东不控股了,都属于另外一个范畴,也即控股权交易、重大合同变更。这里分析一般的增资扩股。

公司增加资本、发行新股时现有股东必然要做标的物的价值判断、购买能力判断,自己有没有财力购买,如果有,新股发行价格是否过高或偏低,买入新股对自己有利还是不利。如果股东人数多,逐一地去征询股东是否行使优先权是非常没有效率的事情,比较合理的安排是把现有股东与潜在的投资者一视同仁,大家都同样去申请认购,因此原则上"股份有限公司为增加资本发行新股时,股东不享有优先认购权"。

在有限责任公司范畴,公司增加资本虽然不用"发行新股"的说法,但交易行为与股份有限公司发行新股几乎是一模一样的,但是合同规则却存在差异。在有限责任公司范畴,全体股东享有优先认购权,这是原则,是定型化的有限责任公司《出资合同》的标准条款;不享有优先权是例外。为什么会有这样的不同呢?通说认为,股东人数相对较少的有限责任公司注重所谓的"人合",保持平衡、团结,大家都有这个优先权,是否行使全凭自愿;但是如果要取消这个权利,改变合同约定,那就必须全体股东(合同当事人)的协商一致、人人同意,因此,必须规定"全体股东约定不按照出资比例优先认缴出资"。

用合同思维看,这个差异可能受到了《出资合同》整体结构的影响。从整体上观察《出资合同》,会发现在有限责任公司范畴存在两个优先权:一个是股东卖给新投资人股权时其他股东的优先购买权,另一个是公司增资时全体股东都有的优先认购权。似乎是逻辑上可以形成一个自洽的逻辑。从整体上观察股份有限公司的《出资合同》,会发现两个优先权都不存在。似乎可以形成另外一个自洽的逻辑。那么是否意味着优先购买权、优先认购权具有同一性质呢?如果在设计《出资合同》时不"尊重"这个"同一性",是否会有麻烦呢?这是在设计《出资合同》的优先认购权条款时需要特别注意的一个要点。

(5)文件查阅权和查阅复制权

股东为了监督、维权等特定目的希望获得更多的公司信息,也可以是为了判断自己享有的"收益权"价值多少而希望获得公司的财务信息。例如,在涉及是否认购公司新股、是否转让股权(股份)、是否在股东对外转让股权时行使优先权等股东需要对公司价值作出判断的场景,股东有必要多了解一些公司的财务信息,以便更好地作出决策。于是很合理地就设计出查阅权和查阅复制权。这个"手段权利"也被不精确地、广泛地称为"股东知情权"。

这个"手段权利",因是否可以复制、查阅的范围不同,大体可以分为两个层次、两个规则。第一层规则对应一般意义的查询,除了查阅还可以复制,并且股东不需要说明目的,如果公司拒绝都会认为是不合理的。《公司法》(2023 年修订)第 57 条第 1 款、第 110 条第 1 款都规定,股东有权查阅、复制公司章程、股东名册、股东会会议记录、董事会会议决议、监事会会议决议和财务会计报告。

第二层规则是满足特殊需要。特殊之处在于查阅范围扩大了,手段强化了,对行使手段的审查也开始出现了。在有限责任公司范畴,股东可以向公司提出书面请求,说明目的,要求查阅公司会计账簿、会计凭证。公司有合理根据认为目的不正当,可能损害公司合法利益的,可以拒绝提供查阅。公司拒绝提供查阅的,股东可以向人民法院提起诉讼。股东查阅前述规定的材料,可以委托会计师事务所、律师事务所等中介机构进行[参见《公司法》(2023 年修订)第 57 条第 2 款、第 3 款]。需要注意的是,尽管查阅范围扩大了,但是法条并没有明文规定可以复制公司会计账簿、会计凭证。在股份有限公司范畴,一般股东并不被允许查阅公司会计账簿、会计凭证,只有重要股东才能享有该"手段权利"。

在行使这个权利时,经常出现董事会对抗股东的纠纷。董事会有义务确保公司的秘密不被泄露。虽然章程可以约定股东负有保密义务,但是实际上股东有多大程度的保密意识、泄密后向违约的股东追偿等都有太多不确定的因素,因此最佳的策略就是事先预防泄密。董事会、听命于董事会的管理层会设法限制查阅、复制范围,如果有必要还可以采取的涂改隐藏重要信息等保密措施。在持股结构分散的公众上市公司中,没有得到管理层、董事会批准,即便是第一大股东想进入公司重要场所也会被公司的保安拒之门外。这个冲突也从一个侧面证明了并不是"股东拥有公司"。

(6)退出请求权

退出请求权这个权利是在“收益权”基础上衍生出来的。《公司法》(2023 年修订)第 89 条规定,在下列 3 种情形下,对股东会该项决议投反对票的股东可以请求公司按照合理的价格收购其股权:①公司连续 5 年不向股东分配利润,而公司该 5 年连续盈利,并且符合公司法规定的分配利润条件的;②公司合并、分立、转让主要财产的;③公司章程规定的营业期限届满或者章程规定的其他解散事由出现,股东会会议通过决议修改章程使公司存续的。

股东个体监督权的行使在小的细节、局部可能会影响董事会履行公司合同(章程),但是对于“公司大局”影响小。而重要股东监督权,则会对公司合同的履行造成比较大的影响。因此,合同约定的重要股东监督权,必须由持有表决权比例足够多的股东行使,如果一个个体的比例达标了当然可以单独行使,如果几个股东合计的比例达标了也可以作为一个“小集体”行使重要股东监督权。重要股东监督权的内容可以归纳整理为 4 个手段,说明如下。

(1)(股份有限公司范畴)以监督为目的的特别查阅权

《公司法》(2023 年修订)第 110 条第 2 款规定,连续 180 日以上单独或者合计持有公司 3% 以上股份的股东,有理由怀疑公司业务执行违反法律、行政法规或者公司章程的,可以向公司提出书面请求,委托会计师事务所、律师事务所等中介机构,在必要范围内,查阅公司的会计账簿、会计凭证。公司有合理根据认为股东查阅会计账簿、会计凭证有不正当目的,可能损害公司合法利益的,可以拒绝提供查阅。被拒绝的股东可以向人民法院提起诉讼。设计这个规则所对应的动机,已经与前述的股东个体可以行使的查阅权、查阅和复制权有了很大的区别,与对“收益权”的价值判断的关联度不高。公司业务执行违反法律、行政法规或者公司章程,可能会被行政处罚甚至被追究刑事责任,也可能使公司获得不正当的利益。按照常理,股东不会为此去查阅公司的会计账簿和会计凭证。发生这种事情,多半是出现了股东纠纷。因此,很难说行使该权利的人是为了公司利益,其更多的是为了自己的利益,甚至还有可能损害公司利益从而间接地损害其他股东的利益。因此,需要设定行权的“主体门槛”“举证门槛”,规定在“必要范围”内查阅。何为“必要范围”,是事实和证据问题,一事一议。

(2)提议召开临时股东会议的权利

在有限责任公司范畴,代表 1/10 以上表决权的股东提议召开临时会议的,应当召开临时会议[参见《公司法》(2023年修订)第62条第2款]。在股份有限公司范畴,董事会不能履行或者不履行召集股东大会会议职责的,监事会应当及时召集和主持;监事会不召集和主持的,连续90日以上单独或者合计持有公司10%以上股份的股东可以自行召集和主持[参见《公司法》(2023年修订)第114条第2款]。稍加比较就能看出两个手段的不同。前者内容少、没有设定前置条件,而后者必须满足若干前置条件。主要原因是这个手段会产生成本、可能降低公司的管理效率。通常有限责任公司的股东少、分布在公司附近,股东来开会比较容易,法律规定的门槛低一些;而股份有限公司被认为股东人数多、地理位置分散,股东来开会比较麻烦。因此,在股份公司范畴,不适合"鼓励"股东运用这个手段,法律规定的门槛高一些。

事实上,这个手段也比较少地被运用。公众上市公司中,一般只有出现"治理危机"或者主要股东冲突的公司才偶有运用。这个手段的对抗姿态比较明显,有可能加剧内部矛盾;如果被外部人知晓,也会对公司做生意、融资等产生不利影响。这些都会最终对"收益权"产生副作用。因此对使用该手段必须加以限制、设置"门槛"。在股东集体与董事会之间存在僵局时,例如,董事会提交股东们集体审议的议案屡屡被否决,一般而言董事们会辞职,提交一个更换董事会成员的议案。如果出现异常,董事们不提交罢免自己的议案,或者新的董事会成员如同换汤不换药,股东们就只好踢开现任董事们自己下场操作,动用这个手段召集会议,提出自己的人事方案,任命被认为能与股东们形成合意的董事。这显然是在发生公司治理危机时股东可以使用的一个超级手段。

(3)提案权

在有限责任公司范畴,代表1/10以上表决权的股东有权提议召开临时会议,那么也应当同时告知股东这个临时会议的议题是什么。这其中隐含了代表1/10以上表决权的股东(重要股东)享有提案权。在股份有限公司范畴,对召集临时会议、提出临时提案的重要股东设置的门槛不一样。连续90日以上单独或者合计持有公司10%以上股份的股东,是有权召集临时会议的重要股东。单独或者合计持有公司1%以上股份的股东,是有权提出临时提案的重要股东[参见《公司法》(2023年修订)第115条]。

(4)起诉解散公司的权利

《公司法》(2023年修订)第231条规定,公司经营管理发生严重困难,继续存续会使股东利益受到重大损失,通过其他途径不能解决的,持有公司10%以上表决权的股东,可以请求人民法院解散公司。即使败诉,公司被股东申请强制解散的消息传到社会上去,肯定会动摇员工心态,现有的潜在的生意伙伴、贷款银行都会另眼相看,公司会因此遭受损失。如果本来已经发生经营管理严重困难,再被起诉司法强制解散,公司即使胜诉,可能也要破产了。非常明显,司法强制解散公司是超级手段。如果公司继续存在下去在未来分配给股东的剩余价值会减少,现在解散公司要远远好过未来解散,解散将直接导致公司履行剩余价值分配义务,显然这个"手段权利"与"收益权"直接关联。

重要股东监督权、股东集体监督权,体现在全体股东、公司共同签订的"大合同"之中。这个"大合同"是一个混合合同,它包含了全部股东作为一个整体与公司之间的约定,也包含了股东之间的约定,比较复杂。这个"大合同"也被融合到公司章程之中。

股东集体监督权,主要体现为股东会的法定职权。公司法规定公司设置股东会,股东会是"公司的权力机构"、是一个"机构体",股东会开会就是股东集体开会,于是股东集体开会行使监督权的合同规则被公司法所规定的股东会的职权和议事规则所取代。具体在本书的下一个章节中详细分析。

9/

股东的合同权利与股东会的职权

公司合同的其中一个特殊性在于,股东作为个体是合同一方当事人,全部股东(们)作为一个整体也是公司合同一方。全部股东集体开会行使监督权,本质上也属于履行合同,但在形式上具体表现为法律规定的股东会的议事规则和法定职权的一部分。需要注意和辨识的是,股东会的“法定职权(权力)”包含了股东集体监督权的内容,属于监督权范畴,但也包含其他的属于一般意义上的合同履行行为的内容。用合同思维看股东会的职权,除了会意识到这是股东为了履行合同而开会,还会意识到这更像是股东在行使“不同意变更合同的权利”“不同意终止合同的权利”。例如,从变更合同角度看,董事会提交股东开会审议的公司分立议案,实质就是告诉股东一个对公司合同做重大变更的要约。如果股东一方否决了公司分立议案,则因合同各方当事人无法就变更合同达成一致而造成公司合同无法被变更。从监督合同履行角度看,股东否决公司分立议案也可能是股东对董事会的一个警告,表达了股东的不满意。

公司合同组合的其中一个特殊性在于它是一个长期合同。对于长期合同,当事人都应理性地预料到最初缔结的合同的内容不会一成不变地被从始至终地履行。长期合同一般会约定,在合同履行过程中,各方当事人有义务定期、不定期地互相通报合同履行情况,就情势变化等进行协商,补充新合同条款或者修改既有的合同条款。在实务中会看到,具体负责履行合同的业务负责人就可以商定合同履行中的一些“小事情”并通过口头协议甚至具体履约行为的方式修改合同,只有在需要对合同进行大修改时才需要合同当事人的有权代表人正式出面。在公司合同中,如果合同履行过程中的每个细节都提交股东集体开会商议、决定,显然不符合成本效益法则,于是各方当事人在订约之初就理性地商定只将某些重要事项提交全体股东集体开会、形成集体意志,然后把股东一方的意思表示通知另一方——公司(董事会),从而形成新的合意。

所有股东聚集在一起开会的标准模式是由董事会召集会议、发出开会通知,董事会提出、设定会议的议案。用合同思维看,这是董事会代表公司一方发出要约,期待股东一方通过开会讨论决定是否拒绝要约。按照公司合同约定,接到董事会发出的新要约,股东必须集体开会并以多数决的方式形成共同意志、作出意思表示。如果董事会提交的议案被股东集体审议通过,那么就完成了一个合意达成、一个缔约或者一个履约。如果股东集体否决了董事会提交的议案,也就是拒绝要约、缔约失败或者履行不能,需要重新来一轮协商、换个方法继续履约。理论上这样的缔约程序可以来来回回、有很多个轮次,但显然是耗费成本、没有效率的,会造成公司经营混乱。为了避免这样的极端事件发生,立法者或者合同设计师研发了一个补充机制,也即约定重要股东有权"踢开"董事会、自行召集临时股东会议并作出决议。在这样的非标股东会议上,会议召集人、重要股东提出自己的议案,期待其他股东附议,形成集体意志,然后通知董事会。如果成功地形成了股东集体意志,理论上和形式上董事会都不应该拒绝执行决议,似乎股东的这个决定不是要约而是定局、"一锤定音"。但事实上,董事会可以采用主动辞职的方式拒绝执行这样的股东决定,期待股东们回心转意或者大家能找到其他解决办法。董事会也可以消极怠工、事实上不执行这个股东决定,那么后续的结果大概率就是董事会全体或者部分成员被再次召开的股东会议决定更换。

为了易于理解,我把《公司法》规定的、几乎实践中每个公司章程都会照搬的股东会的法定职权不那么精确地分为3类:为了履行合同或行使监督权而开会、为了协商合同变更而开会、为了协商合同终止而开会,见表4(不含上市公司特殊规定)。

表4　常见的股东会法定职权

开会的目的	与哪个具体合同关联度高	《公司法(修订草案二次审议稿)征求意见》列举的股东会法定职权
为了履行合同或行使监督权而开会(不需要修改章程)	《出资合同》	选举和更换董事、监事,决定有关董事、监事的报酬事项
	《监事合同》	审议批准监事会的报告
	《出资合同》	审议批准董事会的报告
	《出资合同》	审议公司的弥补亏损方案
	《出资合同》	审议公司的利润分配方案(不增加资本)
	《董事会合同》	对发行公司债券作出决议

续表

开会的目的	与哪个具体合同关联度高	《公司法(修订草案二次审议稿)征求意见》列举的股东会法定职权
为了协商合同变更而开会(需要修改章程)	《出资合同》	审议公司的利润分配方案(转增股本)
	《出资合同》	对公司增加注册资本作出决议
	《出资合同》	对公司减少注册资本作出决议
	《出资合同》	对公司合并(兼并其他主体)作出决议
	《董事会合同》《出资合同》	对公司合并(被兼并)作出决议
	《董事会合同》《出资合同》	对公司分立作出决议
	《董事会合同》《出资合同》	对变更公司形式作出决议
	看具体的动机和修改的具体内容	与上述重要事项无关的公司章程修改(如改变董事会规模、设置独立董事、修改经营范围、改变经营期限等)
为了协商合同终止而开会(开会结果可能导致章程失效)	整个公司合同都直接受到影响、终止	对公司解散、清算作出决议

如果承认全部股东聚集在一起开会是行使自己作为合同一方的监督权、是在履行公司合同,那么就有必要探讨“股东会是公司内部权力机构”这个设定的必要性。

对于“股东会是公司内部权力机构”这个命题,有很多质疑。例如:股东不论是单独的个体还是集体都是合同相对方,如何能以“股东会”的形式成为公司的内部机构?股东作为合同一方如何能行使合同相对方(公司)的权利而不损害相对方的独立性、独立地位?松散的股东被召集在一起开会,工作方式是开会而且一年只开几次会,如何能成为一个“机构体”?

1979 年《中外合资经营企业法》没有规定中外合资有限公司必须设股东会,并且明确规定董事会是公司的最高权力机构。这个模式显然适合中外合资的商业需求,也有机会被推广到股东人数少的非外商投资的有限责任公司之中,“但未能成为现实”。[1] 在公司法生效前,即使某个合资公司自己决定设股东会,也没有法律依据,更无法在公司内部为股东会找到安身之所。1993 年《公司法》生效以后到 2020

〔1〕 参见王保树、崔勤之:《中国公司法原理》,社会科学文献出版社 2006 年版,第 83~84 页。

年 1 月 1 日《中外合资经营企业法》被废止前这段时间，中国并行存在两种有限责任公司，一种是合资的没有股东会的有限责任公司，另一种是内资的设股东会的有限责任公司。这个事实充分说明公司合同设计的灵活性，以及理论、观念是如何影响合同设计的。换言之，“股东会是公司内部权力机构”未必是真理，只是立法者偏好某个设计选项的结果而已。未来的公司法现代化改革，特别是推行“董事会中心主义”，或许应从废除股东会这个法定机构入手。

10

公司合同中的“忠实义务”

诚信原则适用于绝大多数商事合同，但存在“忠实义务”的商事合同少而又少。相较于一般性的诚信义务，忠实义务具有极大的特殊性。用合同思维看，忠实义务这样一个特殊的合同义务必须源于、基于一个特殊的合同或者特殊合同规则。在英美法系，在商事范畴，忠实义务被普遍认为扎根于代理合同、信托合同等特殊合同。这些特殊合同与公司、公司合同的关系如何？有待进一步研究。

以信托合同为例，一个财产所有权从委托人名下让渡到受托人名下，但是委托人并非想让受托人获得利益，受托人也没有支付足够多的对价来获得所有权，甚至受托人对财产所有权毫无兴趣。整个合同的目的是要使得受益人得到全部的好处（利益）。这个所有权就从“名实相符”的合一状态被信托合同分裂为两部分，一个是受托人的“有名无实”，另一个是受益人的“有实无名”。可以说这是合同的目的，也可以说这是合同为达到目的而采用的特殊的合同手段。无论如何，这个特殊性，在公司范畴并不存在，因为拟制公司为实体的根本合同目的是必须实现“名实相符”的合一状态，令公司拥有不被质疑的独立财产权，这与信托合同的目的完全相反。因此可以认为，在公司范畴根本就不存在信托合同关系。

以商事代理合同为例。在商事代理合同关系中，不会出现财产所有权的变化，无论代理人如何干活，成果都是归属于被代理人；让代理人干活，也根本不需要把所有权让渡给代理人。显然，如果在公司范畴存在商事代理合同关系，显然也不会发生在股东与公司之间。代理合同的重点是代理行为。代理，是一个民事主体“通过代理人实施民事法律行为”（参见《民法典》第161条）。被代理人并不是被动的，而是主动的、有自己的意志，可以随时把自己的意志、想法告诉代理人，代理人必须按照被代理人的指示干活；即使搞错了、搞砸了，也是被代理人自己独自承担后果。这样的关系显然不适用于股东与董事会。关于公司如何经营，董事必须独立判断、集体协商和决策，股东无权干涉。“股东通过董事会做生意”，绝对是不合理的说法。因此，在公司范畴根本不存在与董事有关的商事代理关系。董事会聘请的高管，与董事会的合同关系可能属于商事代理。

以委托合同为例。根据《民法典》第 919 条、第 920 条、第 922 条、第 927 条的规定，委托合同是委托人和受托人约定，由受托人处理委托人事务的合同；委托人可以概括委托受托人处理一切事务；受托人应当按照委托人的指示处理委托事务，这个过程中取得的财产，应当交给委托人。委托合同与代理合同的界限往往难以准确划分。与前述关于代理的分析是一个道理，“股东作为委托人概括地委托董事会处理自己的一切事务”，这个说法如果成立，那么无疑把股东的事务与公司的事务等同，公司的独立性立刻荡然无存。更何况如果董事按照股东的指示把公司的财产交给股东，无疑也是损害了公司的独立财产权。《民法典》第 924 条规定，受托人应当按照委托人的要求，报告委托事务的处理情况。如果股东可以随意地召开会议，要求董事会事无巨细地汇报工作，发出指令，公司的独立性同样会荡然无存。因此，在公司范畴根本不存在与董事有关的商事代理关系。董事会聘请的高管，与董事会的合同关系可能属于委托合同。

综上，公司合同中的忠实义务，至少就董事而言，似乎并非源于信托、委托或代理合同这 3 个特殊合同。那么忠实义务的合同依据或许只能是公司合同这个特殊合同本身。

回顾英国东印度公司的历史，会发现在英国国王颁发的 Charter 中就规定了公司管理委员会必须宣誓效忠（oath of loyalty）。缺乏参考资料只能猜测，宣誓效忠的对象要么是国王，要么是 Charter 这个法律文件。在东印度公司那样的远洋贸易生意中，启航的船队几乎承载了公司的全部资产、国王及部分大贵族的信用，如果经营管理者不忠诚，驾船逃之夭夭的话，后果不堪设想。显然，宣誓效忠与合同的重要性正相关，也与难以实施监督有关。也就是说，在公司合同中，虽然存在一般性的诚信原则，但是因为这个合同的重要性、监督的难度之大，所以必须强化诚信原则并把它提升为更高层级的忠实义务。

需要注意的是，英国东印度公司的 Charter 还规定，委员会以外的其他“成员”也必须在航海出发前宣誓（oath），但是这个宣誓并没有特别制定与忠诚（loyalty）的关系。这体现了在公司原型阶段有关当事人的忠实义务的内容就因合同内容（义务）而有所区别。也就是说，在公司合同中，对于合同中的关键人物（董事会成员）而言诚信原则、公平原则这样的一般性要求已经不够了,必须特殊地规定更高要求——忠实义务,而经理等其他人则未必如此。

忠实义务规则是一个适用于董事、监事、高管的“超级行为规范”。是公司合同组合的基础规则之一,如何看待3个主体、3个不同合同中的忠实义务,对于设计具体合同、设计整个公司合同组合都会产生很大的影响。关于该规则,有一个很重要的问题:董事的忠实义务、监事的忠实义务、高管的忠实义务,是同一个吗?或者说是同样的内容吗?如前所述,忠实义务是由合同的特殊性所决定的。显然,《董事会合同》《监事合同》《高管合同》的重要性并不相同,如果以重要性为标准,则不应该认为这3个合同中的忠实义务是同样一个内容,并且还可以认为《监事合同》《高管合同》并不需要忠实义务,只需要诚信义务足矣。

公司法概括地规定董事、监事、高管对公司都负有忠实义务。“一刀切”,是一种设计方案、解决方案。这样的设计似乎使得原本非常特殊的忠实义务归于“普通”。另外一个解决方案比较费力气,需要区分公司合同组合中每个合同的重要性、义务的重要性以及其他因素,对董事、监事、高管区别对待,但这样似乎更加合理。

仔细观察信托合同、代理合同、委托合同这些被规定了忠实义务的特殊合同,会发现一个规律:它们普遍缺乏有效的、符合“成本效益法则”的监督规则。这些合同的完美履行,要么要求“本人”必须具备很强的监督能力;要么要求“本人”非常勤快、能做到无法时时刻刻全过程地监督代理人、受托人履行合同义务。尽管监督缺乏手段、可行性较差,但无计可施,没有办法的办法就是把诚信义务提升到“忠实义务”的高度。反过来想,如果一个合同能设计有效的监督机制,或者只需要一般性的诚信规则、公平规则足矣,那么在这样的合同中设计、安置忠实义务规则就是过度设计。过度的、不合理的约束,法网“网眼”太小,可能会有反作用,出现钻空子行为,例如,出现不承担忠实义务的“隐形高级管理人员”(以下简称隐形高管)。这样反而是连诚信都没有了,忠实也就无从谈起了。隐形高管这个问题会在本书后面再单独分析。

以《董事会合同》为例。是否设置董事会就是一个比较明显的区分标志。标准合同是设置董事会,如果不用标准模式而用一个“低配版”、不设董事会的合同,是否说明股东认为他们有合同以外的更好的办法监督董事?例如,股东与董事是一个家族,家族的道德约束力又便宜又给力。如果不设置董事会,《董事会合同》的核心内容几乎消失殆尽,是否还有必要约定董事负有忠实义务就成了一个问题。或许公司法可以采用“章程另行规定除外”的方式给这样的公司一个更加自由的自治空间。

以《高管合同》为例,英国东印度公司的决策层也即“委员会”按照国王的命令必须宣誓效忠,非决策层(雇员)虽然也需要宣誓,但是两者有区别。理由可能是雇员是决策层聘任的,他们对决策层负有特定的义务,当时的人认为这个义务已经足够了。如果我们认为《高管合同》的性质是代理合同,高管是董事会的代理人,那么他们在自己的合同中本来就有一个“小号”的忠实义务:高管对董事会忠诚。如果这个“小号”的忠实义务足够满足好好干工作的需要,就没有必要进一步加重他们的义务,让他们承担公司合同组合中的“大号”的忠实义务。

以《监事合同》为例。如果一个公司设置监事会,说明监事的责任重大,或者缺乏其他有效的监督手段。自我监督,股东通过监事监督董事、高管,几乎等于是监督公司履行合同。某种意义上可以认为监事是股东的代理人。如果设立监事会,在监事合同中要求监事负有忠实义务就具有合理性。反之,对于不设置监事会的公司,就没有必要约定监事负有忠实义务,公司法也可以用“章程另行规定除外”的方式给这样的公司一个自由空间。

综上,在具体设计公司合同组合中某个合同中的忠实义务时,可以根据合同具体情况进行差异化的设计。当然这涉及更复杂的法律问题,例如:公司章程是否可以对公司法没有明确定义的忠实义务用“另行规定”的方式作出自己的解释,从而在某种程度上实现对忠实义务的限定、界定、限制?有待进一步研究。

需要注意的是,凡是能运用诚信规则解决的违约行为,就不需要适用忠实义务规则。与诚信规则一样,忠实义务规则“地位崇高”,可以用来“填补合同缝隙”、用来解释合同、解释法律规范,但理应是在诚信规则力所不逮的场景中才被应用。《民法典》第3条规定,“民事主体的人身权利、财产权利以及其他合法权益受法律保护,任何组织或者个人不得侵犯”。公司的董事、监事、高管也负有该条所规定的一般性义务。《民法典》第3条完全可以被用于规制那些赤裸裸的、尽人皆知的违约行为,或者适用于“侵权与违约竞合”的场景,例如,侵占公司财产、挪用公司资金、将公司资金以其个人名义或者以其他个人名义开立账户存储、利用职权收受贿赂或者其他非法收入、接受他人与公司交易的佣金归为己有等。

忠实义务规则是适用于董事、监事、高管的“超级行为规范”,其“超级地位”可能引发很多新问题,有待进一步研究。例如:是否意味着诚信规则在公司范畴中被彻底地废除?如果没有,违反诚信义务与违反忠实义务的界限应该如何划分?公司法融合了合同规范、侵权规范、行政规范，忠实义务被引入公司范畴以后，是否会成为一个跨界的规则？跨界是否会造成认知混乱？是否会出现把侵权行为当作违反忠实义务的违约行为，从而导致适用错误的诉讼规则、赔偿规则，加重当事人的法律责任或者反过来不合理地减轻其法律责任的情况？为什么法律不规定股东不负有忠实义务？

11

被废除和遗忘了的合同规则:经营宗旨

经营宗旨是《企业法人登记管理条例实施细则》(已废止)规定的公司章程必须记载的事项之一。过往登记机关提供的示范章程中有这一项内容,但是留空、让商行为人自己填写,那个时代的公司实务工作者在注册公司、起草章程时必须要做这道填空题。如果股东也说不出所以然,律师就设法找案例照抄或者自己胡乱发明一些文字填写上去,并不需要理解公司宗旨这个概念的意义或功能。《公司法》不要求公司章程记载公司宗旨。实务中,在非上市公司范畴中,登记机关提供的示范章程中早就没有经营宗旨、公司宗旨这个条款,因而被大多数人遗忘了,或者虚化、性质变化,仅仅体现为公司手册、网页上的宣传语,而不再是一个法律概念。《上市公司章程指引》中还保留了"经营宗旨"这个条款,因此上市公司章程中几乎都有这个合同规则。例如:

《美的集团股份有限公司章程》第12条规定:"公司的经营宗旨:按国际惯例和规范的股份公司模式运作,以科学、高效的管理,发挥股份化、多元化、集约化和国际化的集团经营优势,逐步建成以家电制造业为主,多种经营的国际化大型企业集团,为股东谋取最大的利益和创造良好的社会效益。"《中国石油化工股份有限公司章程》第12条规定:"公司的经营宗旨是:发展企业,回报股东,奉献社会,造福员工。"《比亚迪股份有限公司章程》第10条规定:"公司的经营宗旨是:守法经营,诚实经商,开发高新科技产品,丰富市场,努力开拓国内、国际市场,创造良好经济效益,为社会主义市场经济服务。"

经营宗旨作为章程的一个条款,对公司的董事、监事、高管有法律约束力,可以在合同约定不清楚的时候被用于帮助解释合同,特别是帮助解释、具体化合同中的忠实义务规则。立法者认为公司宗旨无意义而予以废除,还是公司宗旨被忠实义务规则所取代?有待进一步研究。

对于股东而言，经营宗旨有补充解释合同目的、投资目的的作用。在实践中，存在一些“特殊目的公司”（SPV），这些 SPV 就是由特殊合同所构建的，其经营活动必须符合特殊合同目的，这个特殊合同目的在某种程度上是“经营范围”，在某种程度上体现为“经营宗旨”，尤其是在登记机关对如何在章程中撰写“经营范围”有着越来越严谨的规范要求。

这样的 SPV 普遍存在于政府与社会资本合作（PPP）领域、在基础设施和公用事业特许经营领域，多被称为“特许经营项目公司”，其功能或者说目的就是履行社会资本方、被授权方与政府之间的《特许经营协议》。《特许经营协议》都是合同期长达 20 年或者 30 年的长期合同，合同约定未必能涵盖这么长期间可能发生的变化，尤其需要合同各方当事人遵循诚实信用原则全面履行义务；在保障特许经营者的合法利益的同时，特许经营者及其设立的 SPV 必须根据有关法律、行政法规、标准规范和特许经营协议提供优质、持续、高效、安全的公共产品或者公共服务。特许经营协议存续期间发生争议的，当事各方在争议解决过程中，应当继续履行特许经营协议义务，保证公共产品或公共服务的持续性和稳定性。因此，在《特许经营协议》、SPV 公司章程中，约定经营宗旨有很大的意义，应当引起有关各方的重视。

实践中还有一些“非营利公司”，它们的公司宗旨是向社会提供公益服务，通过自身的服务活动，促进社会的进步与发展。为了实现这个宗旨，公司也从事商业、经营活动，但不以获取利润为主要目的；营利不是公司的出发点，出资人也不是以获得利润、清算剩余财产为目的。美国律师协会制定了《示范非营利法人法》（Model Non-profit Corporation Act）供各个州政府参考用于规制这类公司。但是在我国现行法律体系中还没有相关立法，因此在实践中，可以通过在公司章程中约定经营宗旨的方法来实现用公司的形式从事非营利的活动。

12

《董事会合同》的主要内容

设立董事会这个机构并赋予其职权，是股东之间协商、达成的一个合意，被记载到公司章程中，是一个公司的内部事务。用合同思维看，这个合意是拟制公司诸多工作的一部分，拟制公司的过程天然地包含了拟定《董事会合同》的过程。如前所述，这个合意与公司的普通债权人有着密切关系。仅通过《出资合同》让公司成为独立的财产权主体，并不足以让普通债权人满意。只要合同安排是股东负责选择公司的管理者，债权人就不会完全放心。既然无法切断股东与公司管理者的联系，就尽可能地减弱他们之间的关系。那么该如何设计合同规则满足这个合理要求呢？第一个合同规则是严格禁止股东直接管理公司，股东只有监督权，管理权全部归属于董事会这个机构，股东可以间接地影响、约束、限制董事会但不能控制、支配、操纵它。第二个合同规则是进一步削弱股东对董事会的影响，方法是要求董事做事情必须独立判断。独立就是要求董事可以接受股东的监督，但是不能听命于股东，经营管理不受股东影响。但这个手段似乎还不够有力，第三个合同规则是用“忠实义务规则”这个超级行为规范来补强。这 3 个规则构成了《董事会合同》的主要部分。有了这样的保障，债权人认可公司是一个独立实体，从而完成拟制公司的最后一个步骤：被承认。

《董事会合同》包括以下主要合同规则：

(1) 忠实义务规则。这是整个合同中最核心的规则。比较复杂，在后面用一个章节专门分析。

(2) 董事会构成规则，包括股东如何选举董事会成员、更换董事会成员，董事会成员的任期等内容。

(3) 董事会职权规则，包括不受股东干扰、全面地负责公司的经营管理、哪些职权的行使需要接受股东集体监督。

(4)董事会集体规则。“所谓集体职权,即法律规定的董事会的职权仅属于董事会之一集体,而不属于个别董事。”[1]董事之间的分工必须服从于共同对经营管理负责,对不属于自己分工的事项也需要加以关注并作出独立判断。

(5)董事会议事规则,包括如何召集会议、是否规定会议的法定人数、会议的形式、如何发出会议通知、如何表决等。

董事会职权规则与股东会职权规则的互动关系,见表5:

表5 董事会职权规则与股东会职权规则的互动关系

董事会职权	股东会职权	备注、说明
向股东会报告工作	审议批准董事会的报告	批准是一种监督形式;股东无法就这些事项单独行使职权,也可以不那么准确地认为是双方共享权利
制订公司的利润分配方案和弥补亏损方案	审议批准公司的利润分配方案和弥补亏损方案	
制订公司增加或者减少注册资本的方案	对公司增加或者减少注册资本作出决议	
制订发行公司债券的方案	对发行公司债券作出决议(可以授权董事会对发行公司债券作出决议)	
制订公司合并、分立、解散或者变更公司形式的方案	对公司合并、分立、解散、清算或者变更公司形式作出决议	
执行股东会的决议	—	(备注1)
—	决定董事、监事的报酬事项	(备注2)
—	选举和更换董事、监事	
—	修改公司章程	

[1] 王保树:《股份有限公司机关构造中的董事和董事会》,载梁慧星主编:《民商法论丛》(第1卷),法律出版社1999年版。

续表

董事会职权	股东会职权	备注、说明
决定公司内部管理机构的设置	—	股东没有监督权
决定聘任或者解聘公司经理及其报酬事项，并根据经理的提名决定聘任或者解聘公司副经理、财务负责人及其报酬事项		
制定公司的基本管理制度		

备注：①被董事会执行的股东会决议，大部分是对董事会提交的议案（方案）的批准，等于是董事会执行自己的决定。换一个说法是：具体实施经过股东会批准的各种方案。

②公司章程规定或者股东会授予的董事会职权，通常需要董事会主动去"要权利"，直接由股东（会）决定授权的情形比较少见。股东（会）一般不会去查询市场定价，而是由董事会草拟一个薪酬方案提交股东会批准、决定。虽然在这 3 个事情上的交叉、衔接关系不明显，看似股东可以直接行使这 3 个职权，但实质上是必须依赖董事会，因此也可以说是双方共享职权。

重要股东可以自行召集临时股东会议，或者在董事会召集的股东会议上提出临时提案，来做到选举和更换董事和监事、修改公司章程以及通过修改章程增加股东自己的职权，但这是例外。大部分时候都是董事会草拟议案提交股东会批准、决定。因此，这 3 项既属于专属职权也可以被认为是共享职权。当它们表现为股东会的专属职权时，往往意味着股东（会）与董事会的"分裂"非常严重、双方难以合作。

我国在立法上采取集中规定董事会集体职权的方式，但很多国家的公司法并没有具体规定董事会职权，这是中国公司董事会立法构造的首要特点，这也体现了公司合同可以有不同的设计方法。在英美公司法中，召集股东开会就是会议行为，没有被定义为公司权力机构的股东会，股东集体开会作出决定的行为不被认为是一个机构在行使职权。既然不认为存在股东会这个机构，也就没必要具体规定董事会的职权，只需要高度概括地规定董事会独自负责公司的经营管理。例如，美国《特拉华州普通公司法》，除在法律中列举董事会的权利外，还规定公司的一切权利都应由董事会行使，除非章程另有规定。英国立法机关制定的《示范公司章程》第 3 条规定，公司董事有管理公司之责，并为此目的可行使公司的一切权利。德国公司法规定董事会独立于股东大会和监事会，独自负责公司的经营和管理；监事会的任务是监督企业的经营和管理，可以任命董事；"股东大会已经不再是公司的最高权力机关"〔1〕。被废止的《中外合资经营企业法》及其实施条例规定，董事会是合资经营企

〔1〕［德］托马斯·莱塞尔、吕迪格·法伊尔：《德国资合公司法》，高旭军等译，上海人民出版社 2019 年版，第 166～172 页。

业的最高权力机构。我国一些公司法教科书把董事会称为“公司的核心领导机关”[1]。这些都体现了对董事会法律地位的趋同认识。

需要注意的是,“董事会授权规则”也是一个良好的职权规则中必不可少的组成。董事长主持董事会召集的股东会议,董事会会议由董事长召集和主持,是董事长的主要工作内容。实践中,除了“会务工作”外,董事长还可以根据董事会的授权办理很多其他事务。但是该如何科学地、适度地授权,缺乏规范指引。董事会授权对象是否可以包括副董事长、董事,是否必须是董事长转授权,公司法没有给出具体的规范指引,有必要在章程或者规章制度中补充“授权规则”。

《公司法》(2023 年修订)新增加了一个条款,强调了公司章程对董事会权利的限制不得对抗善意相对人[参见《公司法》(2023 年修订)第 67 条]。既然是关乎相对人的问题,那么应该是一个对外的问题。用合同思维看,董事会权利是由《董事会合同》决定的,《董事会合同》被融入了公司章程,也即由章程决定。显然章程决定的并非都是内部事务,还有外务。如果把该法条理解为股东、公司(董事会)、相对人(债权人)之间的一个合同规则的话,那么这个规则的内容可以被解读为:债权人不允许股东通过章程改变一个既定的《董事会合同》规则,即董事会独立全面地负责公司的经营管理;也可以理解为:在公司管理方面股东并没有凌驾于董事会之上的权利。

---

[1] 范健、王建文:《公司法》,法律出版社 2011 年版,第 393 页。

13

《董事会合同》中的忠实义务规则

如前所述，忠实义务是一个超级行为规范，在董事会中对合同其他规则会产生深刻的影响，需要分析忠实义务在《董事会合同》中的具体内容或者应用。

在董事会议事规则方面，如果董事不能出席会议，不能随意授权他人，他人并没有忠实义务，即便诚信也不能够，因此，合同约定只能授权其他董事代为出席。董事会成员都负有忠实义务，彼此地位平等，因此合同约定的表决规则是"一人一票"。

在董事会构成规则方面，股东也必须遵守忠实义务规则选举董事会成员，不能让失信的人成为董事，相应地需要制定董事资格规则或者是"公司市场禁入规则"。例如，个人因所负数额较大债务到期未清偿被人民法院列为失信被执行人的不得担任董事，对自己任职的公司、企业的破产负有个人责任的董事或者厂长、经理自破产清算完结之日起未逾 3 年的不得担任董事[参见《公司法》(2023 年修订)第 178 条]。

已经担任董事的人如果背信弃义、失格，也应被踢出董事会，而且还应该被列入公众能查询的"董事失信黑名单"。这是一个容易被忽略的与忠实义务规则有关的补充规则。我国《公司法》虽然规定了董事的任职资格，但是并没有规定符合哪些条件董事就自动失去资格或者说其他人有权主张其丧失董事资格。英国在制定成文法时就把习惯法、判例法的很多内容写入了公司法，其中就包括《1986 年董事资格取消法》。董事资格取消规则也可以说成是《董事会合同》中的一个重要的补充规则。这个补充规则赋予无利害关系的其他股东一个手段权利，也给予其他无利害关系的董事一个合同权利，在符合合同条件(法定条件)和履行合同规定的程序(法定程序)后，强制解除不愿意辞职的失格董事的职务。

在我国，关于董事资格取消规则的研究还处于起步阶段，本书对此也不做深入

分析,仅把有关学者对该规则的主要研究成果概述如下:

(1)让董事资格失去,需要出现"触发情形"。当出现"触发情形"时,有权人可以通过法定程序向法院申请确认不合格董事的任职资格丧失。由法院作出判决(或者其他待设计的方式)来禁止某公司的董事在一定期限内继续担任该公司或者任何公司的董事。这个禁止期限(短则2年、长则可达15年),应与不合格董事违法行为的严重程度呈正相关。

(2)不合格董事的违法行为的共同特征是董事违反忠实义务、诚信义务。包括但不限于:公司日常经营管理存在欺诈债权人的意图,或者处于欺诈等非法目的给某些股东造成不公平损害;成立公司的行为或者公司行为的意图是欺诈或从事其他违法行为;董事与这些违法行为有关系;董事向股东隐瞒重要信息。

(3)案件的被申请人(被告)是被认为不合格的公司董事,申请人(原告)需要符合法定条件。例如,在英国,原告必须是该国贸易与工业部(以下简称贸工部)国务大臣,国务大臣自己可以主动委任专业人士进行调查并提起诉讼,也可以根据公司股东、公司本身、法院的请求启动调查程序。另外,在公司破产清算时,清算人如发现董事的违法行为可以向贸工部报告,则启动后续的程序。

(4)以英国为例。过往的案例显示,法院一般只有在董事犯有重大过失而非一般过失的情况下,才会颁发取消资格令。

(5)以英国为例。贸工部的调查报告需要向股东、公司、公司债权人公布。如果提起诉讼,起诉状等案件信息也是公开的。尽管政府部门通常不会主动启动调查,而且调查、诉讼程序都会耗时很久,且结果未必理想,但是对董事还是有相当多的震慑力。生效判决确认董事失去资格,显然是一个董事失信信息,如果能强制公开、在登记机关办理登记、公示,会发挥辅助的警示作用。

(6)该机制对不合格董事会造成各种不利影响。为此需要额外的纠错或者补偿机制,如涉案董事承诺制度、法院授权许可制度。[1]

如果案件需要负有忠实义务的董事参加诉讼,多半会涉及他们如何履行合同义务特别是忠实义务。对于原告而言,举证证明一个董事不忠实只能从结果倒推,与其说是举证不如说是推理,并无法证明合同履行过程中董事的心思。反过来让董事自证清白、证明自己是忠实的,也是非常困难的。在这样的诉讼中,法官采用主动盘

---

〔1〕 参见林少伟:《英国现代公司法》,中国法制出版社2015年版,第379~396页。

问的审理方式而不是"当事人主义"的辩论方式就非常有必要。通过问答的方式有助于法官厘清在作出争议行为时各个董事是如何各自独立地作出商业判断的，综合分析有助于查明案件真相。如果公司法改革能纳入不忠实董事资格取消制度、董事信用黑名单制度，相信有助于法官择机采用适合的审理方式。

在董事会职权规则方面，还需要注意"未被列举的公司权利"的分配、归属。"未被列举的公司权利"，是指公司权利总和剔除公司法列举的股东会法定职权（权利）、列举的董事会法定职权（权利）以及列举的经理的法定职权以外的剩余部分。公司法学界所主张的公司3层结构、分权层级，体现在《公司法》(2018年修正)之中就是在列举股东会、董事会的职权的同时，也规定公司设经理这个法定岗位（或机关）并用列举方式规定了经理的法定职权。经过了3个法定职权列举之后，剩下的"未被列举的公司权利"可以说是微乎其微。但在《公司法》(2023年修订)施行后，情况可能会发生重大变化。

《公司法》(2023年修订)首倡"董事中心主义"，其中一个具体举措就是废除了经理的法定职权，仅第74条概括性地规定，"经理对董事会负责，根据公司章程的规定或者董事会的授权行使职权"。《公司法》(2018年修正)第49条规定的经理的那些法定职权被自然地归入"未被列举的公司权利"范畴，产生了新的权利分配问题。毫无疑问，原本属于经理的法定职权并不会被分配给不负责公司管理的股东会，那么是全部为董事会收揽，还是由公司股东用多数决的方式决定在董事会与高管层之间合理分配？这成为一个新课题，研究结果对改写现行的《董事会合同》《高管合同》有较大影响。

未被列举的公司权利的另外一个新内容也源于2023年公司法修订。"决定公司的经营方针和投资计划""审议批准公司的年度财务预算方案、决算方案"，是《公司法》(2018年修正)第37条以列举方式分配给股东会的两项法定职权。《公司法》(2023年修订)没有再明文规定它们的归属。如果认为在公司治理机构方面立法者仍坚持以股东会作为中心的基本理念和立场，那么为什么要废除这两项列举呢？既然立法者在立法说明中明确地提出了"董事会中心主义"，那么这两项权利似乎应该归属于董事会。当然也不排除立法者在做一个试验，留出空间给公司自主地来决定如何填补，通过市场来检验哪个"主义"更得人心、符合实际。

如何分配"未被列举的公司权利"，对公司权利结构会产生非常大的影响。由于公司法没有具体规定，所以可以有不同的理论认识以及与之配套的实务操作。显然笔者认同董事会是真正的权利中心，笔者认为在实务中比较明智的做法是在章程中不做规定，或者在章程中明确规定："除公司法明确规定的八项股东会职权以及本章程明确规定的股东会职权外的权利由董事会行使。"这样做的理由如下：

（1）股东会没有能力独自行使"未被列举的公司权利"。比较明显的例子是被废除的两个与经营管理直接相关的股东会职权。年度财务预决算方案非常复杂，草拟方案不容易，审议批准方案其实也不容易，股东会审议时也就是大概地看看而已。只有亲临其境设身处地、耗费很多精力才能规划、制定公司的经营方针和投资计划，处于公司外部的股东不仅没有足够的精力也未必有适当的能力拟定出方针和计划，审议方针和计划也往往流于形式。《公司法》（2023年修订）废除这两项职权是非常正确的。因此，也不应该借助章程规定的方式"开倒车"。

（2）任何公司权利都被股东享有，公司就不称为公司了。股东仅能享有有限的"手段权利"，否则就是"入侵公司"、破坏公司的独立性，也破坏了"股东有限责任"。因此，这些"未被列举的公司权利"不应当归属于股东（会）。如果用章程规定的方式授予管理层权利，那么等同于股东（会）拥有了"未被列举的公司权利"，变相地破坏了公司的独立自主。

需要注意的是，用合同思维看，股东与经理等管理层之间不存在直接的合同关系，股东会不能以决议的方式直接把"未被列举的公司权利"授予管理层。因此即便认为股东会拥有"未被列举的公司权利"，也必须通过董事会这个"枢纽""中枢"才能把权利授予管理层。

（3）公司章程是合同，只要没有明确约定，那么"未被列举的公司权利"应全部归属董事；董事会可以把部分权利授予"管理层"。如果股东通过制定或修改章程的方式把这些权利直接赋予管理层，就是一种分权。这可能产生好效果，也可能造成公司内部的"分裂"。对董事会负责的管理层，其部分权利并非来自董事会的授权，存在潜在的难以想见的各种冲突风险。

（4）把"未被列举的公司权利"分配给董事会，董事会权利扩张，无论是以数量还是权重衡量，都远超股东会的权利，符合立法者所倡导的"董事中心主义"。

由于存在反对意见，学界认识尚未统一，尚不能完全在公司法中贯彻、体现"董事会中心主义"，但是完全可以在法律允许的范围内通过章程约定实现这个目标。对"股东中心主义"的一个强有力的质疑是，忠实义务居然与被称为公司中心、最高地位的股东无关。股东最明显、最基本的合同义务就是履行出资义务，完成出资以后的股东可以说是一身轻、可以无所作为,甚至连监督董事会这么重要的工作也只是股东的权利而非股东的义务。从这个角度看,“未被列举的公司权利”归属于董事会而非股东会的理由相当充分。

14

《董事会合同》中的董事长

董事长的法律地位并没有特殊到需要一套单独的合同规则。在实践中几乎看不到一份单独的"董事长合同"。

董事长,这个概念源自英美法系,对应的英文词是"Chairman of the Board"或者"President of the Board"。参照"监事会主席"的表述,翻译为"董事会主席"或许更加达意。"Chairman"的词源本义侧重会议的召集、召开;会议的召集人负责选择会场、负责提前去会场摆好椅子(chair)、迎候出席会议的人到会。"President"的词源本义侧重会议的另外一个部分就是开会时的主持。[1] 由于董事长负责会议通知、安排会场、设定议程和议题、主持会议,所以无形中董事长具有了某种影响力、特殊性。实践中我们会看到各种各样的董事长,例如,几乎每天都在公司"坐班"的董事长、不开会并不来公司的董事长以及虽然平时不常来但在公司有一间位置很好、面积很大的办公室的董事长。但董事长的领导力往往需要其他方式来体现,包括但不限于得到董事会的信任、获得更多的权利授予以及同时兼任(总)经理的职务。《公司法》规定董事长兼任法定代表人,董事长兼任法定代表人也体现了他的能力、权利和在公司中至高无上的地位。但是《公司法》(2023 年修订)第 10 条规定代表公司执行公司事务的董事或者经理都可以担任法定代表人,"代表公司执行公司事务"含义模糊,无形之间降低了董事长的地位。

用合同思维看,如果董事长有法定职权,那就意味着存在特殊的合同规则。但是我国《公司法》并没有规定董事长的法定职权。董事长主持董事会召集的股东会议,董事会会议由董事长召集和主持,与其说是权利不如说是工作需要、义务。如果董事长、副董事长都因故缺席,董事会其他成员完全可以推举一名董事主持,证明这

---

〔1〕 See Longman Dictionary of American English, Longman Inc., 1983, p. 104, 530.

个召集和主持并非某个董事独有的权利。

董事长也是董事会成员之一,其产生的程序规则与其他董事会成员一样。如果每个董事产生的程序规则不一样,可能会影响彼此之间的关系、定位。董事长是股东直接选任的,不是董事会开会选出来的,这无形之间会造成某种程度的不平等。如果董事地位不平等,如何能各自独立地履行职责,就是一个大大的疑问了。因此,在董事会构成规则上就必须想方设法地体现出董事之间地位平等。“董事地位平等原则”这个设计理念决定了在公司合同组合中不仅不需要有一个单独的“董事长合同”,也不应该有一个“董事之间的合同”。

需要注意的是,《公司法》(2023 年修订)第 68 条第 2 款规定,董事长、副董事长的产生办法由公司章程规定;但是,《公司法》(2023 年修订)第 76 条第 3 款规定,监事会主席由全体监事过半数选举产生。为什么立法者设计了不同的产生规则?比较费解。笔者认为,董事长、副董事长的产生办法并不需要由公司章程规定。由章程自由规定,看似增加了“公司章程自治”,但是,这可能产生乱象。例如,在董事关系没有明确法律规定的情况下,或许会在公司章程中规定由股东会在选举董事会成员时直接选举产生董事长,或者董事长有权从董事会成员中任命一名董事为副董事长。这样的做法,破坏了“董事地位平等原则”,也可能损害“董事独立判断原则”,从而削弱了“忠实义务原则”。利弊权衡,董事长、副董事长的产生办法与监事会主席的产生办法相同,并在公司法中统一规定比较合适。

15

《董事会合同》中的监督规则

现代化工厂几乎都设有质监部门、品质管理员。质量管控是常见的管理手段也是常见的合同手段。监督规则，在商业合同中广泛存在，形式各异。在普通的买卖合同中，如果是老客户或者是标准化不容易出现质量问题的产品，合同中约定可以接受卖方的出厂检验证书，但是买方可以抽检并在发现质量瑕疵时及时提出质量异议，可以被认为是没有设计质控手段。

与忠实义务规则的生成原理类似，重要的合同几乎都需要特殊的监督规则，那些麻烦出现以后索赔难以挽回损失的合同也需要特殊的事前检验手段、监督规则。例如，国际货物买卖合同中比较常见的是，约定买方在出货前派人去工厂检验、合格后方可发货。更加特殊的例子是，中国向日本出口新鲜荔枝，日本政府检验检疫部门会派官员在出货季节期间常驻负责给荔枝消杀病毒的工厂，避免荔枝到日本港口后才发现质量问题造成各方的重大损失。在建筑工程合同中，质量管控的主要手段是增加一个《监理合同》。重要项目的工程合同必须有配套的《监理合同》。监理不仅根据合同约定还根据法律规定负责工程质量监督，不仅要有专业资质，还需要有合适的人常驻建筑工地，在工程竣工时签署竣工合格证书后建筑才能被允许投入使用。因为施工出现重大事故，监理要承担合同、行政甚至刑事责任。

类似的例子很多，不一一列举。不难发现，不采取事前监督措施的主要原因，是成本负担问题。大部分商事合同，没有约定事发前的监督措施，而是理想地假设大家都会诚实信用地履行合同，依赖相对方会诚信地履行合同，如果背信则采取事后惩罚措施，例如，承担违约责任、丧失以后的业务机会、失信后在行业内无法立足等。这不是天真、没经验，而是成本使然、竞争的结果。对合同重要性的看法，对监督成本的承受能力，对监督措施的"成本效益比"的看法，在每个交易每个合同中都是见仁见智的，因此监督规则也是多样的。

《公司法》规定公司必须设董事会、成员最少3人,也是一个监督规则。董事之间是否存在互相监督关系？不仅从《公司法》中看不到有关内容,也很少看到学者在著述中讨论这个事项。董事要集体议事,作为一个集体行使权利,精诚合作必不可少。既然大家都忠实于公司,而且又需要互相诚信,那么似乎就不需要讨论监督这个问题,或者在合同规则中明文约定这个事情。但不等于这个问题不存在,有关规则或许是“潜规则”。总之,通过改造董事会成员规则改变董事会成员的构成,可以增强监督效果。董事会是公司的中心,花费一些成本完善合同中的成员规则来增强董事会的制衡,似乎是划算的。于是我们会观察到现实中董事会成员规则不断地被修改,非执行董事制度、外部董事制度、独立董事制度等规则被不断地发明设计出来。

非执行董事或许是监督成本最低的监督方法。在英国,非执行董事规则作为一种监督机制,被寄予厚望。[1] 在公司有专职职务的董事,是执行董事,反之没有兼职的就是非执行董事。这个规则的设计方法比较简单,就是设法改变董事会成员的同质性,希望不同性质的董事不具有共同利益,通过理论上存在的利益分歧形成对立,在较低的程度上获得监督的效果。设计者或许是认为没必要在公司合同组合中增加更多的监督规则,只需要依赖、相信被监督对象(董事会)的忠实就足够了,当然也可能是不愿意承担因为监督而发生的额外成本,也或许是两者兼而有之。

外部董事规则与非执行董事规则的设计原理相同,具体细节有差异。外部董事规则并不避讳该类董事与股东的特殊关系,明确地由控股股东提名、选派到董事会中,并规定了外部董事向控股股东单独汇报工作的义务。外部董事的薪酬由委派的控股股东来承担,而非执行董事的薪酬是由公司承担。非常明显,外部董事实际上负有两个忠实义务,一个是作为公司董事会成员依据《董事会合同》负有的一般性的忠实义务,效忠对象是公司;另一个是作为控股股东的代理人、受托人按照《委托(代理)合同》所负有的忠实义务,效忠对象是控股股东。显然,这个制度的可适用范围比较小。在我国仅限于国有独资公司。具体可参见《国务院国有资产监督管理委员会关于国有独资公司董事会建设的指导意见(试行)》(国资发改革〔2004〕229号)、《董事会试点中央企业专职外部董事管理办法(试行)》(国资发干二〔2009〕301号,已废止)。

[1] 参见林少伟:《英国现代公司法》,中国法制出版社2015年版,第543页。

非执行董事制度、独立董事规则在某种程度上是内化于《董事会合同》中的监督规则，由于监督特征不突出，所以通常不被认为是监督规则。监事会制度是《董事会合同》中的监督规则的外部化，监督特征非常明显。

或许是认为通过改造董事会成员构成规则来获得某些监督效果还不足够，德国立法者设计了监事会规则。“董事会和监事会这种双重结构，是区别德国公司法与英美公司法最重要的特色。”“监事会的职能与作用在某些方面与英美公司法中的外部董事或非执行董事有共同之处。”〔1〕

我国作为后发国家，在制定公司法时借鉴了德国的经验，在制度上宣示对公司董事会进行监督的必要性、重要性。在合同设计原理上非常类似建筑行业的《监理合同》，也吸纳了买卖合同中有谈判优势的合同一方向负有较多合同义务的另一方派出驻厂品质监督员的做法。无论是建筑施工监理还是驻厂品质监督员，都是专职的。国有独资公司非常特殊，企业国有资产保值增值非常重要，因此，国有资产监督机关外派专职监事的方法进一步增强了监事会的履职能力。但这个经验难以被推广。如果监事会成员都是专职的，监督成本就是一个必须考虑的因素。如果监事不是专职的，或许未必能发挥作用。在发明监事会的德国，监事会的作用从诞生之日起也一直是个颇具争议的问题，即如何在无所作为和插手业务管理两者之间保持平衡，从而做到恰到好处地进行监控。〔2〕

上市公司关系到众多投资者的利益，非常重要，因为法律强制规定必须采用“独立董事＋监事会”的双重监督结构。目前独立董事规则在上市公司范畴内适用，未来或许也会扩展到规模较大的非上市公司。由于独立董事规则内容多，所以在本书后面专门一个章节来分析独立董事。《公司法》（2023 年修订）的一个改革措施是允许用董事会审计委员会替代监事会行使其职责。这个新设计会带来一系列新问题，在本书后面用一个章节来专门分析。

〔1〕［德］罗伯特·霍恩、海因·科茨、汉斯·G. 莱塞：《德国民商法导论》，楚建译，中国大百科全书出版社 1996 年版，第 285 页。

〔2〕参见［德］罗伯特·霍恩、海因·科茨、汉斯·G. 莱塞：《德国民商法导论》，楚建译，中国大百科全书出版社 1996 年版，第 288 页。

16

《董事会合同》中的独立董事规则

独立董事的特殊性取决于国家对其职责的定位。刚开始在上市公司施行独立董事制度时,除了任职规则有关于独立性的特殊要求外,其他合同规则与普通董事并没有实质的不同。独立董事与非执行董事的地位平等,表决时同样是一人一票。独立董事占董事会成员人数的比例没有超过一半,谈不上有否决权。审阅 2022 年《上市公司独立董事规则》(已失效)会发现,独立董事与非独立董事的工作职责大同小异,只有两个特别职权:重大关联交易(指上市公司拟与关联人达成的总额高于 300 万元或高于上市公司最近经审计净资产值的 5% 的关联交易)应由独立董事事前认可;向董事会提议聘用或解聘会计师事务所。这两个特别职权应由 1/2 以上独立董事同意后,方可提交董事会讨论。显然独立董事并没有办法左右董事会的决定。独立董事通过投反对票、弃权票并说明理由,通过发表独立意见的方式,借助信息披露向股东、投资者和监管机构“示警”,这是独立董事最主要的作用。

前述情况在 2023 年出现了重大变化。《国务院办公厅关于上市公司独立董事制度改革的意见》(国办发〔2023〕9 号,以下简称《独立董事改革意见》)明确了独立董事的职责定位。《独立董事改革意见》要求独立董事必须在董事会中发挥监督制衡的作用,这是“监督”“制衡”第一次明确与独立董事的工作职责联系在一起。《独立董事改革意见》要求独立董事应当特别关注公司与其控股股东、实际控制人、董事、高管之间的潜在重大利益冲突事项,重点对关联交易、财务会计报告、董事及高管任免、薪酬等关键领域进行监督,促使董事会决策符合公司整体利益,尤其是保护中小股东合法权益。《独立董事改革意见》对独立董事审议潜在重大利益冲突事项设置严格的履职要求。独立董事必须发挥监督作用,这是此前规则暗含但没有明确提出来的要求。这个定位的变化,必然导致独立董事规则被大幅度地修改。最明显的一个规则变化就是以独立董事为主的董事会审计委员会借助“前移监督关口”有了“实权”。中国证监会《上市公司独立董事管理办法》在具体规则方面反映了上述变化,表现为:(1)董事会审计委员会审议事项,经全体成员过半数同意后,提交董事会审议。看似与旧规则并无二致,但需要注意的是,“如审计委员会给董事会的提议未被采纳或不能正常行使职权,上市公司应将有关情况予以披露”这个旧规则被删除了。也就是说,审计委员会的决定几乎就是终局的,董事会必须全盘接受,或者想办法说服审计委员会改弦更张,或者启动罢免审计委员会部分或者全部董事的程序。(2)聘任公司财务负责人原本属于提名委员会的审议事项,未来可能改由审计委员会负责审议。这相当于审计委员会可以直接决定聘任或者解聘上市公司财务负责人。有了这样的权利,如果财务负责人还对审计委员会敷衍塞责,就要有大麻烦了。这无疑对审计委员会履职有很大的助力。

按照《独立董事改革意见》制定的新独立董事规则中,独立董事负有的忠实义务的内容也发生了变化,至少要比其他董事增加了监督方面的内容。现任的独立董事、独立董事候选人如何看待自己的职责定位、忠实义务的变化,是会积极响应还是可能导致部分人因此却步,有待进一步观察。

上市公司独立董事被诟病是“花瓶”“不独不懂”,这个病态的症结、主要矛盾是薪酬问题。根据笔者的经验,独立董事的独立性,是可以通过完善选任规则来解决的。但是要解决独立董事“不懂”的问题,让更有能力的人才愿意做独立董事,还是需要市场(价格)机制来解决。义务多、责任重、薪酬不高,严重制约独立董事发挥作用。在实践中会观察到,有些亏损、微利上市公司为了维持上市地位,并不愿意为自己的“花瓶独董”“漂亮一点”多支付成本,大概每年6万元的薪酬基本上无法聘请到有真才实学的独立董事,难以仰仗这样的独立董事发挥监督作用,更不用谈什么其他的决策作用、专业咨询作用。责权利不对等导致某些独立董事接受聘请主要是因为人情,在制度上越是强化独立董事履职投入越可能导致独立性、能力更差的人接受聘请。

由上市公司协会向某些亏损、微利上市公司推荐独立董事人选并从证券发展基金中拨付给他们合理薪酬,或许是解决之道。合理的薪酬价格的下限似乎难以用市场价格机制发挥作用的方法找到合理的边界。证券监管机关可以适当干预,规定最低薪酬价格,对于执行最低薪酬价格的上市公司给予适当的补贴。同时也应该给予独立董事薪酬免税、减税的优惠待遇。以独立董事的薪酬问题为导向,多管齐下、综合治理,或许是未来改革的方向。

17

《监事合同》存在的主要问题

在公司合同组合中,《监事合同》不是核心合同,可以被其他监督规则替代。某种意义上可以认为《监事合同》附属于《董事会合同》,是《董事会合同》中的监督规则的外部化。监事会是不是公司的一个内部机构,都改变不了这个事实:股东通过代理人实时地对董事会以及董事会聘请的高管进行监督,监事会成员本质上是股东的代理人。

监事会形同虚设是被广泛认同的一个说法。从合同思维看,这是合同规则设计失败的必然结果。监督成本问题是监督机制的主要矛盾,回避主要矛盾的规则设计几乎注定是失败的。监督成本体现在两个方面,一方面是监事本身的报酬,另一方面是实施监督行为的成本。除上市公司有很少一部分监事会主席领取较高薪酬外,其余人员薪酬非常低,甚至没有。为了节约开支,监事几乎都是兼职,在公司内部本职工作的地位高低决定了兼任的监事的地位高低。有这么多的顾虑,合同设计师左右为难,自然在起草规则时"偷工减料",体现在监事会规则缺少可操作性。

《监事合同》设计失败的另一个原因是法律上的原因,即回避该合同与《出资合同》的关系,也就是不能正视监事会与股东之间的代理关系。国有大型企业中实施的"外派监事制度",制度设计师没有回避主要矛盾,外派监事的薪酬由委派的股东支付;制度设计师不避讳股东与监事之间的代理关系,除了职工监事在公司内部产生外,其他监事就是股东委派、完全听命于股东。"外派监事制度"引发的问题是:监事到底对谁忠实?对公司,还是对委派的股东?双重效忠有何不可?如前所述,忠实义务是诚信义务的升级版,这个升级版的设计是由某个合同的重要性或者特殊性所决定的。外派监事所处的范畴仅限于中央大型国有独资公司,恰恰反映了合同重要性与忠实义务规则之间是正相关的。这也解释了为什么国有大型企业中实施的"外派监事制度"尽管是成功的但是经验难以被推广。

18

审计委员会或引发《董事会合同》整体改变

2023年《公司法》修订的措施之一是高度重视董事会审计委员会的作用。《公司法》(2023年修订)第121条第1～2款规定,股份有限公司可以按照公司章程的规定在董事会中设置由董事组成的审计委员会,行使本法规定的监事会的职权,不设监事会或者监事。审计委员会成员为3名以上,过半数成员不得在公司担任除董事以外的其他职务,且不得与公司存在任何可能影响其独立客观判断的关系。公司董事会成员中的职工代表可以成为审计委员会成员。这个规定并不适用于有限责任公司。《公司法》(2023年修订)第69条规定,"有限责任公司可以按照公司章程的规定在董事会中设置由董事组成的审计委员会,行使本法规定的监事会的职权,不设监事会或者监事。公司董事会成员中的职工代表可以成为审计委员会成员"。

审计委员会,最初是上市公司范畴中的一个概念。中国证监会颁布的《上市公司治理准则》(2018年)要求上市公司必须设置审计委员会。审计委员会具有监督作用,但不是以监督为主。尝试用董事会审计委员会履行监事会职责,可能引发《董事会合同》的整体改变,产生新问题。

需要注意的是,若一个董事同时还肩负着行使公司法规定的监事会的职权,这与董事兼任监事并没有实质差异。兼任必然导致"委员董事"的合同权利、义务发生变化,甚至会导致董事会合同规则的各个方面都相应发生变化。

首先,同时履行监事职责的"委员董事"的忠实义务发生变化。他们不仅负有董事会合同中的忠实义务,还负有隐形的监事合同中的忠实义务,而其他董事只负有一个忠实义务,于是不得不回到之前探讨过的那个关键问题:董事的忠实义务、监事的忠实义务是同一个吗?或者说是同样的内容吗?如果"委员董事"负有更高的忠实义务,理所应当地享有更高的法律地位、拥有更大的权利。于是乎董事会成员地位平等、独立判断但合作集体决策这个职权规则就被彻底打破了。董事会表决虽然还是一人一票,但新规则可能导致董事之间的平等地位关系不复存在。行使监事会职权的几位"委员董事"可以集体名义监督其他董事、高管、提出罢免的建议,要求其他董事、高管纠正自己的行为,要求其他董事、高管提交执行职务的报告[参见《公司法》(2023年修订)第78条、第80条]。在高管眼中,这几位"委员董事"的地位明显高于其他董事。在其他董事眼中,也应如是。在外部人眼中,"委员董事"大权在握,拥有董事会都无法制约的权利。

实质上,监事是股东的代理人,因为其唯一的功能是监督,因此作为股东的代理人,即便是双重效忠也不会给公司整体造成深刻的影响。董事会本应是全面地、不受股东干扰地负责公司的经营管理,但是当股东的代理人被"嫁接"到董事会审计委员会,其享有超级职权,不但负责监督还负责决策,某种程度可以被认为是股东对公司的直接控制,很可能从量变到质变、撼动公司独立法人的根基。

19

公司僵局、解散公司诉讼的破解之道

《公司法》(2023 年修订)第 231 条规定:“公司经营管理发生严重困难,继续存续会使股东利益受到重大损失,通过其他途径不能解决的,持有公司百分之十以上表决权的股东,可以请求人民法院解散公司。”

《公司法》(2023 年修订)第 231 条是从 2005 年《公司法》一直延续下来的一个法条,该条在 2005 年《公司法》中的法条序号是第 182 条。这个法条本身只有一句话,并没有使用“股东僵局”“董事僵局”“公司僵局”这些概念。

适用《公司法》(2023 年修订)第 231 条的结果是非常严重的,法院判令解散公司几乎等于宣布公司“死刑”。这是国家公权力强力地介入私人领域的罕见情形,法院在适用该条款时要非常谨慎,必须给法官一个适当的裁判指引。在《最高人民法院关于适用〈中华人民共和国公司法〉若干问题的规定(二)》中,专门对该法条做了解释,而且该司法解释的内容大大地多过了法条本身的内容。最高人民法院在解释该法条时,列举了重要股东有权提起解散公司诉讼的 4 个情形,如下:

(1)公司持续两年以上无法召开股东会或者股东大会,公司经营管理发生严重困难的;

(2)股东表决时无法达到法定或者公司章程规定的比例,持续两年以上不能作出有效的股东会或者股东大会决议,公司经营管理发生严重困难的;

(3)公司董事长期冲突,且无法通过股东会或者股东大会解决,公司经营管理发生严重困难的;

(4)经营管理发生其他严重困难,公司继续存续会使股东利益受到重大损失的情形。

情形(1)(2)存在于股东层面,被学界称为“股东僵局”;情形(3)存在于董事层面,被称为“董事僵局”;3 个情形被合称为“公司僵局”。上述 4 个情形只要存在一个，重要股东就有权请求法院解散公司，这个诉讼被称为“解散公司诉讼”或者“司法强制解散公司诉讼”，也可以称为“《公司法》第231条解散公司”。

按照笔者的常识，公司的生意可能没那么好但还在运作，员工稳定、工资照发、正常偿付债务，而且还有盈利，这样的情形通常并不应该被认为是经营管理发生困难，更遑论严重困难。如果生意额大幅下降、人心涣散、离职员工逐渐增多、工资发放延期、债权人上门讨债，这样的情形可以被认为是严重困难。显然最高人民法院在判断是否存在经营管理发生严重困难时，并不会关注会议以外的事实，而是以会议是否能正常召开、能否作出决议作为唯一的判定标准，只要股东会、董事会无法召开或者即使开会也不能作出决议，就可以直接判定经营管理发生严重困难。鉴于此，笔者认为也可以把“公司僵局”称为“会议僵局”。

用合同思维来看，如何开会、如何通过开会作出决议是合同约定的，只要诚信地按照规则操作就可以避免发生“会议僵局”，如果突然在两年内出现“会议僵局”，那么一定是某个合同或者很多合同的履行出现了困难。合同内容不同，造成合同履行困难、履行不能的起因和解决之道（规则）也不相同，需要深入地分析合同规则的设计过程来发现问题的真正所在，并对症下药设计合适的解决方法，而不是一而概之地使用解除整个公司合同这样的终极手段。

“董事（会）僵局”是《董事会合同》履行出现了困难，僵局很可能是因为合同本身的结构性缺陷所引起的。例如，董事会的合同约定不设董事会、只设两名董事，而且两名董事也必须按照标准的董事会成员那样独立判断、地位平等、一人一票，这样的结构，出现僵局非常正常。如果我们强制地规定一名董事的地位高于另外一名董事，那么等于设计了一个特殊的董事会合同，这个特殊性是否会破坏整个公司合同的运行不得而知。稳妥的、简单的解决办法就是从结构上下手，要么只设置一名董事，要么设置三人以上的成员人数为奇数的董事会。

但有意思的是，不设监事会只有两名监事时却不会出现僵局。因为化解僵持局面的方法很简单，把矛盾上交给股东会就可以，实质上监事是股东的代理人，多人代理无法统一意见的时候，由委托人作出决定是非常正常的合同安排。那么股东会也能化解董事会僵局吗？如果两名董事对所有审议事项都无法达成多数意见，出现会议僵局，那么几乎可以断定有一个或者两个董事违背了忠实义务。履行合同的人出现了问题，解决之道自然是换人。但更奇特的事件发生了，股东们无法或者不愿意判断哪个董事背信弃义，对如何更换董事也无法作出决议。前一个董事会议僵局未解决,结果又出现了新的股东会议僵局,这才是真正的僵局。

只有董事会议僵局,没有股东会议僵局,理论上、现实中都不存在;只有股东会议僵局,没有董事会议僵局,也是如此。假设只出现了股东会议僵局,股东会无法作出决议,公司无非就是无法合法地实施增资、减资、合并、分立等某些重大行为而已,日常的运作完全可以做到不受"股东僵局"的影响。一方面是公司照常经营,外部人几乎意识不到出现了"股东僵局";另一方面是股东层面僵持不下,这样的场景并不鲜见。"股东僵局"并不必然导致"董事僵局",这个说法成立的前提是董事、高管切实地履行自己的义务,特别是诚信义务、忠实义务。当股东与董事关系密切,股东矛盾"传播"到董事层面,董事失格、失范,董事会议僵局形成,才开始对公司经营管理发生直接影响。

综上,只要设法避免或者打破董事会议僵局,就可以避免公司经营严重困难;如果能设法让股东会议修改董事会合同的构成规则,则可以避免董事会议僵局。

寻找打破董事会议僵局的方法,首先从合同主体入手、想办法,也就是从合同主体所负有的最重要的忠实义务、诚信义务入手。

部分股东起诉解散公司,被告是公司,关键人物董事们却置身事外,似乎不符合常理。应当规定全体董事必须是诉讼当事人、参加诉讼。如前所述,董事会议僵局产生的真正原因是有董事不忠实履行自己的义务。是什么利益让董事不忠实?往往是股东矛盾扩散到与股东关系密切的董事,董事不诚信地在董事会议上"为了反对而反对",形成僵局。不忠实的董事实际上已经成为某些股东的代理人,没有诚信地履行《董事会合同》,背信弃义,理应接受调查,根据调查结果受到警告和惩戒,甚至被判决承担赔偿责任。因此,公司法应当规定,在解散公司诉讼中,全体董事应以第三人身份参加诉讼,根据董事对诉讼请求的立场(支持、反对或者中立、没立场),部分董事被列为共同原告、部分被列为共同被告,部分继续作为第三人参加诉讼。诉讼结果不应当局限于是否解散公司,还应当对董事是否忠实作出判决,判决结果可以是警告,也可以是取消董事资格。这样董事就无法置身事外、毫发无损,多少都要对自己的不忠实付出代价。形成的案例也可以惩前毖后、普法宣传。例如,董事长召集会议但是出席会议人数长期达不到法定或者章程要求的最低人数,那么长期缺席的董事必须作出合理解释,否则应在判决书中对其谴责、甚至取消其一定期间内在任何公司担任董事的资格。

董事长负责召集董事会会议,任期 3 年,但居然"长期"(2 年)无法召集会议是不能被合理解释的，诉讼结果也应该包括认定董事长是否应该被问责。如果原告在起诉前没有从直接通知方式要求董事长辞职，或者没有要求召开股东会议罢免其董事职务，显然原告股东与董事长的不忠实之间存在联系，原告利用董事长的不忠实或者得到了董事长不忠实的配合，然后起诉解散公司，显然是不正义的，"恶人先告状"，根本就没有诉讼主体资格，法院不应该受理起诉，受理后也应该驳回起诉。

如果董事长召集会议但是出席会议人数长期达不到法定或者章程要求的最低人数，原告对此不作为、不采取行动罢免不勤勉尽责的失职董事，也足以证明原告与造成"会议僵局"的失职董事之间存在联系，同理也应该不受理起诉或者受理后驳回起诉。

如果召集会议、出席会议的人数合法有效，但是不能形成有效决议，发现董事会人数构成存在结构性缺陷，例如成员总数是偶数（如 4 人），每次开会都是 2∶2。而原告股东没有提议修改章程、改变董事会成员人数，也属于不诚信地利用合同缺陷达到解散公司的目的，法院也不应该受理起诉。

综上，解散公司诉讼，不管结果如何，在诉讼过程中都会给公司造成重大损失。必须严格起诉必须满足的前置条件，不能仅仅以"会议僵局"这单一标准，还需要结合董事忠实义务、股东诚信义务来筛除"恶人先告状"、排除某些股东企图利用解散诉讼获取谈判筹码，尽量做到以非诉讼方式化解僵局、避免僵局。

如果无法通过向涉嫌不诚信的股东、不忠实的董事施加压力的方法化解僵局，法院还可以通过选择能够履行忠实义务的"特别董事"加入董事会中去破解僵局。特别董事的人选应当参照上市公司独立董事的任职资格条件设定，也可以考虑从上市公司独立董事数据库中遴选候选人，或者从中国国际经济贸易仲裁委员会这样的信誉良好的仲裁机构的仲裁员名册中拣选候选人。当公司董事长不召集会议时，法院委任的特别董事有权自行召集董事会会议、代表董事会召集股东会议；当出现票数相等的僵局时，特别董事可以投一票。特别董事的津贴支付办法由法院厘定，由公司负责支付。在德国公司法中有类似的法院紧急任命"应急董事"的做法可供参考。〔1〕

其他的僵局解决方案还包括借鉴破产重整中的重整管理人制度，委派一名临时

〔1〕［德］托马斯·莱塞尔、吕迪格·法伊尔：《德国资合公司法》，高旭军等译，上海人民出版社 2019 年版，第 197 页。

仲裁人。临时仲裁人的主要作用是在股东会、董事会中随时负责“仲裁”纠纷。一次性的简单合同,可以一次性仲裁、判决;但是,持续性的复杂的合同中,问题随时呈现并需要及时化解,因此,需要一个相对固定的公正的人来居间负责裁决。

商界曾经发明过一些打破僵局的方法,可以参考借鉴。例如,有的合资公司两个股东持有的表决权比例都是 50%,董事会成员 4 名,分别由两个股东各自委派 2 名;预见到未来可能出现僵局,便提早设计了解决方案,在章程中约定,如果董事会会议出现 2∶2 的表决结果,董事长可以多投一票(决定票)。由于这个章程约定被认为违反了公司法规定的董事“一人一票”原则,所以这个做法不那么流行了。但是,“一人一票”原则只是一般性的规则,在出现僵局这样特殊的情形发生时允许制定特殊规则,并不违反法理。

用合同思维还可以找到部分化解股东会议僵局的办法。例如,参考委托合同中的“指示规则”化解部分僵局。《民法典》第 922 条规定,受托人应当按照委托人的指示处理委托事务,因情况紧急,难以和委托人取得联系的,受托人应当妥善处理委托事务,但是事后应当将该情况及时报告委托人。如果两次召开股东会都无法作出决议,那么可考虑认为情况紧急,虽然和股东们能取得联系,但是他们无法形成集体意志、用一个声音给出指示,视同无法取得指示,此时董事会应当本着忠实义务妥善管理公司,也就是执行自己提交给股东会议的方案(议案),行为合法有效。这样就可以部分地化解股东会议僵局。有些议案确实事关重大,必须得到指示才能行事,但是某些议案并非如此。例如 2022 年《公司法(修订草案二次审议稿)征求意见》废除的股东会的那两项法定职权:审议批准公司的年度预算方案、决算方案;决定公司的经营方针和投资计划。

综上,用合同思维,可以找到很多破解董事会议僵局的办法。一旦打破了董事会议僵局,公司实际上不会遇到经营管理的困难,股东为了自己的利益,自然而然地会设法协商、妥协,找出僵局形成的底层原因并设法消除隐患。

20

公司合同中的代表人、法定代表人、代理人

在民事代理、商事委托代理合同关系中，本人（委托人、被代理人）是自然人，是真实存在而非法律拟制的人。本人不现身的时候，代理人等同于本人。本人可以同时与代理人一起出现，但是此时须向第三人、相对人解释清楚谁是本人、谁是代理人。在公司合同关系中，公司是本人，但公司是法律拟制的人，于是特殊性就产生了，必须设计特殊的合同规则来厘清关系，即如何用合同约定来解决“（公司）本人不是真人”这个问题。解决这个问题的合同规则就是“代表合同”或者“代表规则”。

谁是公司的中心、谁负责管理公司，谁就能代表公司，这符合公司外部的第三人的思维逻辑，符合人与人交往的常识。既然董事会是公司的核心、枢纽，负责公司的经营管理，那么没有谁比董事会更适合代表公司，即在公司范畴，代表规则的内容就是：公司（本人）不是真人，董事会等于是真人。但董事会是真人组成的机构，于是需要通过“董事会授权规则”来彻底解决真人代表的问题。代表规则在实际操作时与《董事会合同》中的授权规则几乎融为一体，也可以认为是形成一个规则：授权代表规则或授权代表人规则。

董事会有权对外代表公司，拥有公司的代表权，这个“公司代表规则”不仅是《董事会合同》中的一个规则，即便没写出来也是一个默示合同条款，还是整个公司合同组合的一个重要规则。可以这样认为，在公司与第三人之间存在一个隐形的“代表合同”，与《董事会合同》中的“公司代表规则”呼应，解决了代表问题。

董事会可以授权一个人在一件事上代表公司。例如，《公司法》（2023 年修订）第 106 条规定，董事会应当授权代表，于公司成立大会结束后 30 日内向公司登记机关申请设立登记。此处并没有限定授权代表只有一个人。对于登记机关而言，授权代表是一个人还是多个人，并不重要，关键是来办理手续的那个人是授权代表就可以。

改革开放早期,外商来我国投资需要按照中国工商登记机关用中国公司法思维提出的要求,提交一份《法定代表人证明书》,但是很多国家尤其是英美法系国家和地区根本没有法定代表人这个概念。实践中的解决方法就是外商召开一次董事会,经公证认证的董事会会议决议上写明某人是本公司的法定代表人,有权代表本公司在中国某地投资项目的全部法律文件上签字。开一次董事会会产生一个所谓的法定代表人。可能这个外商在中国其他地区同时进行另外一个投资项目,法定代表人却是另外一个人。在先行示范、开展商事登记改革的深圳,公司登记机关已经不再对外商使用法定代表人这个说法,代之以"有权签字人"。有权签字人,其实就是"授权代表(人)"。

董事会可以以决议的方式规定任何两个董事一起签字就可以代表公司。以我国香港特别行政区《公司条例》为例,两名董事在法律文件上签字即足以代表公司,甚至都不需要加盖公章(official seal)。董事会还可以规定一个董事签字但加盖公章也可以代表公司,甚至还可以规定公章就可以代表公司,虽然这样不那么常见。

显而易见,《董事会合同》中的授权代表规则足以解决公司的"代表问题"。根据《公司法》(2023 年修订)第 10 条第 1 款的规定,按照公司章程的规定,公司的法定代表人可以由代表公司执行公司事务的董事担任。这个代表公司执行公司事务的董事,就是依据董事会授权代表规则产生的。如果公司章程中允许,董事会可以授权不止一个人代表公司执行公司事务,这些董事可以被称为"章程规定的授权代表人"。如果登记机关同意公司可以登记多个代表人的话,公司就可以有多个法定代表人。

法定揭示了法定代表人这个概念的行政属性。代表人,是一个民商事范畴的概念。法定代表人,是一个跨界的概念,属于行政法(公司行政登记)范畴。法定代表人的登记规则由行政机关(登记机关)制定,规定只有一个授权代表人可以被登记为法定代表人,追责容易、登记手续简便。如果登记两个人或者更多人,方便企业办事、经商,但多人代表容易出现意想不到的麻烦,例如,发生争议时多个登记的代表人都来登记机关试图代表公司。规定每个公司都必须有一个且只有一个法定代表人,显然方便登记机关查证。但是商业社会的需求与行政机关的需求未必相同。公司做生意必须有授权代表人,但可以没有所谓的法定代表人,只需要正常地产生"授权代表人"即可。

综上,公司董事会如何产生法定代表人、登记机关是否规定法定代表人制度、登记机关如何把授权代表人登记为法定代表人,并没有一定之规。如同董事长的地位并没有特殊到需要一套单独的合同规则一样,法定代表人也没有特殊到需要一份单独的“法定代表人合同”。实践中,我也从来没有见过有人签订过“法定代表人合同”。这就是一个很好的佐证。

代表问题通过董事会合同中的授权代表规则解决了以后,代理问题也就迎刃而解了。经理、其他高管都是董事会的代理人,对于他们而言,董事会或者董事会授权的董事就是“本人”。凭着董事会授权的决议或者有权代表董事会的董事的授权书,即便不是法定代表人的授权书,高管们也可以对外谈生意、签合同、负责履行合同、收钱、交货。此时高管们的行为性质是“授权代理”。与普通员工不同的是,高管签订的《高管合同》中包含权利授予的内容,也就是享有特定职权。最典型的就是财务负责人,在公司财务管理的内外都有管理权。在《高管合同》赋予的职权范围内,高管对外谈生意等行为的性质是“职务代理”。“职务”所表达的含义源于《高管合同》。高管以外的员工没有确定的职权,为了自身也为了交易时向外部人解释方便,普通员工通常会申请一份有权代表签署的《授权委托书》,此时他们的行为性质也是“授权代理”。在不重要的场合或者约定俗成的场合,普通员工并不需要授权书也可以做生意,这被称为“表见代理”,而不是“职务代理”。

经理的法律性质和法律地位被某些学者认为是我国公司法中最模糊和令人困惑的问题,或许与法律规定经理有资格担任法定代表人有关系。《公司法》(2023 年修订)第 10 条第 1 款规定:“公司的法定代表人按照公司章程的规定,由代表公司执行公司事务的董事或者经理担任。”

公司章程可以直接规定:“本公司的法定代表人由经理担任。”如果这样操作,那么本书之前所分析的“董事会授权代表规则”就自然而然地被废除了。换言之,“董事会授权代表规则”并非定理,定理是股东可以决定谁来代表公司。经理担任法定代表人,董事担任法定代表人,哪一个更合理或者更优?或者说哪一个是标准合同安排?

用合同思维考虑这个问题,还是需要回到《经理合同》《董事会合同》的具体规则,通过对比来分析。《董事会合同》有任期规则,但是《经理合同》中没有任期规则,即使有任期规则经理也可以随时辞职,辞职信送达董事会可以即刻生效。经理担任法定代表人这个安排存在一个明显的缺陷,即法律没有规定担任法定代表人的经理对公司负有额外的义务,也没有规定必须等到新经理产生、接班后才离职。至于股东是否能开会决定修改章程、改为由董事担任法定代表人,在法律上也与经理没关系。理论上在一段时间内公司会没有法定代表人。如果在一段时间内公司没有法定代表人也能运作,那么是否意味着法定代表人的"法定"其实是"可有可无"的呢?

公司的法定代表人由经理担任,还可能造成《经理合同》与《董事会合同》之间的冲突,造成合同履行困难。经理由董事会聘请,对董事会负责。如果经理有可以独立行使的法定职权或者章程规定的职权,又是法定代表人,是否意味着在某些范围内经理对外活动可以自行其是,在内部可以对抗董事会?董事会不能采用便捷的撤销权利授予的方式管理经理,只能采用更换的终极手段。这与经理对董事会负责的规则是否矛盾?

经理以法定代表人身份执行事务的时候,相当于本人(公司);在以经理名义执行事务的时候,是本人的职务代理人。令人费解,并担心其中暗藏逻辑上的矛盾。用合同思维看,《经理合同》中同时存在的职务代理规则、代表规则,是否会"打架"?

《经理合同》中的忠实义务规则,是否会因为代表规则而发生变化?担任法定代表人的经理是否与董事负有同样的忠实义务?有待研究。

《公司法》(2023 年修订)废除了经理的法定职权,那么更加需要注意在公司章程中继续规定经理有资格担任法定代表人的理由是否充分的问题。理论上,没有了法定职权的经理,其权利未必一定高于其他高级管理人员,甚至"实权"还不如其他高级管理人员的理论可能性都存在。笔者认为,在废除经理法定职权的同时,应当考虑与法定代表人规则的互动问题,只允许董事会授权的董事担任法定代表人似乎更简单、疑问更少。建议将该条修改为:公司的法定代表人由董事会授权的董事担任。

《公司法》(2023 年修订)第 11 条第 2 款规定,公司章程或者股东会对法定代表人职权的限制,不得对抗善意相对人。问题是,公司法没有明文规定法定代表人的职权,既然如此,公司章程或者股东会对法定代表人职权的规定就很难被认为是一种"限制"。会怎么限制呢?规定在某些场合不能代表公司,这个有点费解;或者,必须与其他人一起才能代表公司,这个估计发生在公司章程规定经理是法定代表人的情形,如果是董事或者董事长担任法定代表人理应可以单独代表公司。另外一个问题是,为什么立法者认为董事会不会对法定代表人职权作出限制?如果董事会对法定代表人职权加以限制,是否就可以对抗善意相对人?如果董事会代表公司这个命题成立,那么董事会如何通过授权产生授权代表,如何把授权代表登记为法定代表人,纯属董事会的事务,股东会无权直接干涉也不应通过公司章程间接干涉。

21

《高管合同》的主要内容

《公司法》(2023年修订)第265条第1项规定:"本法下列用语的含义:(一)高级管理人员,是指公司的经理、副经理、财务负责人,上市公司董事会秘书和公司章程规定的其他人员。"

在分析《高管合同》之前,需要先研究《经理合同》。《公司法》不仅规定股份有限公司必须设"经理",而且还规定了它的法定职权,也就是在股份有限公司范畴,《经理合同》的核心规则已经被立法者设计好了。在有限责任公司范畴,《公司法》没有强制规定"必设经理",而是规定"可以"设(总)经理,但是如果设了(总)经理,它的职权必须按法律规定执行(见表6)。有学者认为法律规定必设经理,经理享有法定职权,经理不仅是公司的机关(机构),而且是"名副其实的公司业务执行机关,而且是主要的业务执行机关"。还有学者认为经理并非法定,各个公司根据自己的治理结构决定是否设置,是"辅助业务执行机关"。另有学者认为经理是"独立的业务执行机关"。[1] 显然学者们考虑的要点有两个,一个是"必设"与否,另一个是其职权是否"法定"。经理是辅助的还是独立的执行机关,与其拥有的权利多少、内容有密切关系。如果权利少又不是必设,"独立的业务执行机关"一说就根本无从谈起。

表6 关于经理的新旧法条变化对比

《公司法》(2018年修正)	《公司法》(2023年修订)	对比
第四十九条　有限责任公司可以设经理,由董事会决定聘任或者解聘。	第七十四条　有限责任公司可以设经理,由董事会决定聘任或者解聘。	相同

〔1〕 参见赵旭东:《再思公司经理的法律定位与制度设计》,载《法律科学(西北政法大学学报)》2021年第3期。

续表

《公司法》(2018 年修正)	《公司法》(2023 年修订)	对比
经理对董事会负责,行使下列职权: (一)支持公司的生产经营管理工作,组织实施董事会决议; (二)组织实施公司年度经营计划和投资方案; (三)拟订公司内部管理机构设置方案; (四)拟订公司的基本管理制度; (五)制定公司的具体规章; (六)提请聘任或者解聘公司副经理、财务负责人; (七)决定聘任或者解聘除应由董事会决定聘任或者解聘以外的负责管理人员; (八)董事会授予的其他职权。 公司章程对经理职权另有规定的,从其规定。	经理对董事会负责,根据公司章程的规定或者董事会的授权行使职权。	不再规定法定职权
经理列席董事会会议。	经理列席董事会会议。	
第一百一十三条　股份有限公司设经理,由董事会决定聘任或者解聘。	第一百二十六条　股份有限公司设经理,由董事会决定聘任或者解聘。	
本法第四十九条关于有限责任公司经理职权的规定,适用于股份有限公司经理。	经理对董事会负责,根据公司章程的规定或者董事会的授权行使职权。	
	经理列席董事会会议。	

我国澳门特别行政区《商法典》规定,“经理系指商业企业主委任以经营企业之人,该委任得按商业习惯以任何职务名称为之”。我国台湾地区“民法”规定,“称经理人者,谓由商号之授权,为其管理事务及签名之人”。英美法系国家和地区,经理并非法定必设,被包含在“高级管理人士”(officers)之中,自然也就没有经理是一个机构或机关一说。[1]

任何公司都离不开日常管理,董事会成员虽然也可以兼任高管,但对于大型企业集团而言这并非常态。这也并不意味着必须设置一个(总)经理。公司设置若干

〔1〕 参见范健、王建文:《公司法》,法律出版社 2011 年版,第 403 页。

经理，不给他们任何一个人“总经理”的头衔，一样可以管理公司的日常事务。显而易见，必要性不在于设置经理，而是必须设置高管。因此，体现在《公司法》（2018 年修正）对经理设置及其职权的法律规范具有一定的灵活性，并不强制有限责任公司必须设经理。

经理享有法律规定的不可以被章程修改、董事会决议等方式剥夺的法定职权，有权列席董事会会议，地位明显高于其他高管。这个情形在公司法修改后或许有变化。《公司法》（2023 年修订）的一个改革措施是，虽然继续规定公司设（总）经理，但是不再用列举方式规定其法定职权。也就是说，没有统一设计好的定型化的《经理合同》了。实务方面，如何在新的法律环境中设计自己公司的《经理合同》就成为一个新课题。理论方面，失去了法定职权的（总）经理是否还是高管之首脑，是否还可以被认为是一个执行机关，就未必是一个通说的定论了。

（总）经理的法律地位是由法律规定，换作合同思维来看，也即《经理合同》约定的职权、权利多少决定总经理的法律地位。总经理失去了法定职权，意味着法律地位的下降，也意味着总经理的实际地位可能发生变化，还意味着原本定型化的合同可以被重新设计、出现各种变化，满足各种不同的商业需求。《公司法》（2023 年修订）虽然规定必设经理，但是没有规定经理只能是一个人。在未来的公司中，甚至都不需要满足法定的要求而设置一个“总经理”，可能设好多个经理，大家平起平坐、分工合作，一起对董事会负责；或许其中有一个人负责组织、协调高管，但是如果没有董事会的授权，他也无法凌驾于其他高管之上。

重新设计《经理合同》的话，主要考虑的因素就是如何重新分配曾经毋庸置疑的归属于（总）经理的那些法定职权。未来可能出现两种《高管合同》，构建出两种体制：（总）经理负责制或者高管共同负责制。用合同思维看，两个体制的核心区别就在于经理是否负有特殊的合同义务、承担特殊的合同责任。如果经理负有的合同义务比其他高管更多、承担的法律责任更重，那么经理理应、必须有特殊的地位。

《高管合同》中的职权规则，可以是章程直接规定模式，也就是在章程中直接规定高管的职权，这个比较僵化，不常见；也可以是董事会决定模式，也就是章程没有或者几乎没有规定高管的内容，全凭董事会开会决定如何设置、如何选任、如何分工等。高管的权利来源于董事会授权还是源于章程规定，抑或来自经理授权，不同的安排都可能严重影响公司的权利结构。用合同思维看，《高管合同》连接公司合同组合中其他不同的合同，会构建出不同的权利结构。

高管集体负责制，在国企中曾经出现过，即总经理办公会议制度。总经理办公会议制度，在整体上是分权，对总经理而言是集权，设计意图是尝试克服“董事长（一把手）一言堂”的弊端。

公司法规定高管与董事、监事一样对公司负有忠实义务，但是，公司法并没有说他们的忠实义务的内容是一样的。用合同法理论解读，一个忠实义务对应一个合同，《高管合同》《董事会合同》《监事合同》性质完全不同，忠实义务在每一个合同中的内容也应该是有差异的；性质差异大的合同约定完全一致的忠实义务，似乎违背基本常识。

《高管合同》的特殊性在于它是混合合同，合同的基础、合同的第一性是劳动合同。劳动合同不是民法、商法调整的对象。在劳动合同中，有诚信义务的内容，但是没有任何关于忠实义务的内容。高管辞职，符合合同约定就立刻生效，而董事辞职导致董事会成员低于法定人数的，在改选出的董事就任前，原董事仍应当依照法律、行政法规和公司章程的规定，履行董事职务。《高管合同》的“上层”、合同的次要属性是代理合同。高管由董事会聘请并对董事会负责，与其说高管对公司忠实，不如说首先是对董事会忠实，然后才延伸到公司。如本书之前的分析，代理合同中的忠实义务，与公司合同中的忠实义务，或者退一步与董事会合同中的忠实义务，完全不是一回事。在合同内容混合时，完全可能出现逻辑冲突、不兼容的情形。劳动合同不要求忠实义务，代理合同的忠实义务与公司法要求的忠实义务可能不一致，这样会造成高管的身份认知混乱。

综上，笔者认为在忠实义务方面公司法似乎过度地要求、苛求高管。这样可能会产生副作用。例如，会出现“隐形高管”。民营企业中，“老板娘”在财务部工作，但是没有职位和头衔的情形并不少见。

高管与公司签订《高管合同》，获得高管身份的同时，也负有额外的合同义务。有些人具备了担任高管的能力，但是唯独不具备法定的高管资格。也有人完全符合高管的法定资格要求，但是并不愿意负有额外的高管合同义务，尤其是忠实义务。为了适应这些需求，实务中创造了隐形高管。如果有机会翻查某些公司的工资单，或许能发现有些员工的薪酬甚至比高管还高；翻查公司的审批单，会发现这些高薪酬员工位于有权审批人员位序非常靠后的位置。这些员工非常有可能就是隐形高管。虽然说是“隐形”，但是如果调查人员所用方法适当也有机会发现他们。在司法实务中，认定公司高管的身份，应采取形式审查和实质判断相结合的方式，不仅可以通过考察公司章程规定、任免手续等形式要件,还可从其在公司中享有的职权范围、实际担当工作的重要性和影响力,综合考量其是否实际掌握着公司经营权或重大事项的执行决定权,来认定其高管人员的身份。

在实践中,当需要认定某个人是不是隐形高管的时候,往往是因为公司发生了大麻烦,外部人需要找到真正的行为人。问题在于,公司董事会难道不知道自己的治下存在隐形高管吗?如果不知道,就是失职;如果知道,是董事会诚信地为了公司利益而同意设置隐形高管,还是试图或者利用了隐形高管从事某些"高风险"的不当行为?根源或许就在董事会。追根溯源,高管就是董事会的代理人。笔者认为,与其立法让高管承担内容不明确的忠实义务,不如确认《高管合同》的性质是代理合同,令高管在代理范畴内承担应有的诚信义务似乎已经足够约束他们。

22

特殊的出资合同:分期出资

实务中,通常把义务和权利清楚、不容易产生纠纷的合同当作标准合同。以最常见的买卖合同为例。付款和交货这两个主要合同义务,可以几乎同时进行、一手交钱一手交货(及时清结),也可以约定先交货后付款、分期付款。显然及时清结的合同规则简单明了、不留手尾。如果把及时清结的合同规则定义为标准规则的话,分期付款就是一个特殊合同规则。分期付款合同对合同当事人的信用要求比较高,合同内容比较复杂。

在公司范畴,股份公司使用的《出资合同》是标准合同。按照这个标准合同的约定,出资人签约、实际履行了合同约定的出资义务、缴付股款以后,才能成为公司的股东。某种意义上可以说标准《出资合同》的生效是以交付股款为条件的。这样的出资方式也被称为"资本实缴制"。在有限责任公司范畴,《公司法》(2013 年修正)曾经强制使用标准合同,后来实行公司资本制度改革,才允许有限责任公司的股东先签约、认缴出资,按照约定分期缴付出资。这样的出资方式也被称为"资本认缴制"。实践中常见到的现象是股东认缴金额很高(如 1000 万元),结果首期实际出资很少、有的就近乎为 0 元,分期出资的期间不等,有三五年的也有 10 年、20 年的。还有一些诈骗分子利用这个自由度注册资本很高的公司,忽悠缺少公司知识的那部分人。构成资本认缴制的《出资合同(认缴)》不是标准合同,是特殊合同。特殊性产生特殊问题,需要针对性地设计一系列补充规则,避免漏洞产生、减少不必要的纠纷。这些补充规则包括以下 4 点:

(1)为了防止股东通过转让股权的方式逃避出资责任,《公司法》(2023 年修订)第 88 条规定,"股东转让已认缴出资但未届出资期限的股权的,由受让人承担缴纳该出资的义务;受让人未按期足额缴纳出资的,转让人对受让人未按期缴纳的出资承担补充责任。未按照公司章程规定的出资日期缴纳出资或者作为出资的非货币财产的实际价额显著低于所认缴的出资额的股东转让股权的,转让人与受让人在出资不足的范围内承担连带责任;受让人不知道且不应当知道存在上述情形的,由转让人承担责任”。这个规定体现了股权转让所具有的合同转让的特性。在合同转让中,未经相对方同意,上手的合同义务不因合同转让而消失,后手必须承接上手的合同义务。

(2)需要注意的是《出资合同》关于缴付股款期限的约定是可变的,在特定事件发生时,固定期间会变成可变期间,分期出资可变成一次性出资。《公司法》(2023年修订)第54条规定:“公司不能清偿到期债务的,公司或者已到期债权的债权人有权要求已认缴出资但未届出资期限的股东提前缴纳出资。”这就是“加速出资规则”。这个规则一般不会被写入《公司章程》《出资合同》中。债权人有权要求加速出资,这个合同权利来自《代位合同》。

(3)需要完善利润分配规则和表决规则。如果股东的《出资合同》在支付规则上是一致的,大家是同质的,就没有问题;如果不同质,有的出资义务已经全部或者部分实缴完毕,有的则部分认缴、部分认缴的出资还没到期,该如何处理才公平合理?违约的股东没出资的那部分出资额,按照公平原则应该没有资格参加分配利润,因此,公司法规定但凡涉及财产利益的行为都按照实缴比例处理。但在表决权方面,《公司法》(2023年修订)第65条规定的是按照出资比例行使表决权,没说清楚是按照认缴出资比例还是实缴出资比例,也即没提供一个标准答案,需要各个公司自行设计并在公司章程中或者《出资合同》中约定清楚。

(4)最后一个被设计出来的补充规则是违约股东失权制度。作为一个实务工作者,自然知道向股东追缴股款要比普通的追债难很多,毕竟还有机会一起合作在股东会上见面、投票。如果董事追缴,股东依然不肯出资该如何处理呢?2022年《公司法(修订草案二次审议稿)征求意见》设计了一个新的比较复杂的规则,《公司法》(2023年修订)在此基础上又增加了更具可操作性的内容。

《公司法》(2023年修订)第51条第1款规定:“有限责任公司成立后,董事会应当对股东的出资情况进行核查,发现股东未按期足额缴纳公司章程规定的出资的,应当由公司向该股东发出书面催缴书,催缴出资。”第2款规定:“未及时履行前款规定的义务,给公司造成损失的,负有责任的董事应当承担赔偿责任。”值得注意的是,《公司法(修订草案第二次审议稿)征求意见》不仅没有这个内容,而且规定的是“股东未按期足额缴纳出资,给公司造成损失的,应当承担赔偿责任。”对比之后,会发现这个问题非常复杂,很有必要在公司章程中谨慎对待,通过严密的合同约定来设法合理分配股东、董事之间的风险和利益。

《公司法》(2023 年修订)第 52 条第 1 款规定："股东未按照公司章程规定的出资日期缴纳出资，公司依照前条第一款规定发出书面催缴书催缴出资的，可以载明缴纳出资的宽限期；宽限期自公司发出催缴书之日起，不得少于六十日。宽限期届满，股东仍未履行出资义务的，公司经董事会决议可以向该股东发出失权通知，通知应当以书面形式发出。自通知发出之日起，该股东丧失其未缴纳出资的股权。"第 3 款规定："股东对失权有异议的，应当自接到失权通知之日起三十日内，向人民法院提起诉讼。"如果没有特殊的快速审理程序，有关诉讼很可能会耗时超过 1 年，在这段期间内股权的法律权属处于不确定的状态，是否能按照第 52 条第 2 款的规定实现转让股权，或者相应减少注册资本并注销该股权，或者由公司其他股东按照其出资比例足额缴纳相应出资，都是实务中的疑难问题。

如果把第 51 条、第 52 条这两个法条当作示范规则、标准合同条款，那么它们展示了足够的多样性，但是实在太过复杂。2023 年社会各界围绕"认缴制"展开的辩论，也从另外一个侧面说明了"认缴制"的复杂性。在实务中，如果想要避繁就简，而且条件允许的话，那不如干脆放弃"认缴制"，直接改为采用"实缴制"，起草一份简单的《出资合同》。

这个新规则，可能引发其他一些问题。例如：承诺出资但没到约定的履约时点，或许可以形成股权，然而已经违约、明示不出资，那么能形成股权吗？没形成股权，如何会有失权(失去权利)，怎么会有"注销股权""转让股权"？没形成股权，公司又如何能转让股权？不先依法完成减少注册资本的法定手续，如何能注销该股权？不注销该股权，股东会在作出减少注册资本的决议时，该如何计算表决权总数？无须根据公司章程或依据股东会决议即可发出失权通知，那么在减少注册资本时，如果股东会不批准该如何是好？公司作为主体转让有关失权股东，是代位，还是代理，还是自己作为权利人？如果作价才算是公允，若失权人认为转让价格不公允，提出异议，该如何处理？用合同思维处理，可以避免或者说比较容易地就能解答上述疑问。

按照旧的《出资合同》规则，公司(董事会)不能解除《出资合同》，只能要求违约股东继续履行《出资合同》，设法去向违约股东追索，结果是公司的股权结构处于不确定的状态。向股东追索，耗时费力，还可能是无功而返；即便是得到了出资款，股东关系肯定是不愉快的。新规则实际上是修改了旧的《出资合同》，公司有权解除合同，发出"失权通知"就是发出解除合同的通知。

《出资合同》被解除以后，不存在注销股权、转让股权。违约股东失权制度规定的失权，就是失去股权。股权就是股东享有的合同权利。合同义务优于合同权利，没履行合同义务就没有相应的合同权利。股东违反《股东出资合同》、没有缴付出资，根本就不享有任何合同权利。没有的东西，也就谈不上失去，更谈不上注销股权、转让股权。用合同思维看，《公司法》（2023 年修订）设计的合同规则，也可以用其他股东“代为履行出资义务”这个规则来替代，同样可以解决问题。根据《民法典》第 524 条的规定，其他股东作为具有合法利益的第三人有权代违约股东履行出资义务。如果其他股东都不愿意代为履行，那么公司董事会有权招募新投资人，这个新投资人因为与公司的《出资合同》而具有合法利益，有权代违约股东履行出资义务，等同于合法地承接并继续履行违约股东的那份《出资合同》。因为是代为履行，不存在转让行为，也就不涉及定价和定价是否公允的问题。因为是代为履行，也就不存在公司作为转让主体的合法性问题。

用合同思维看违约股东失权制度，本质是在《出资合同》中约定了一个违约清理规则。违约清理规则，这个规则是全体股东已经达成的合意，董事会正常在履行合同规则时，自然不需要再征询股东的意见，不需要召开股东会表决。因违约股东失去股权而修改公司章程，是履行章程、《出资合同》的结果，并非实质性地修改章程，因此股东有义务在新章程上签字，不需要表决。

用合同思维看这个新规则，会发现《股东出资合同》约定董事会有权因为某个《出资合同》中发生了违约行为而单方修改其他《出资合同》、强制要求其他《出资合同》中没有违约的股东追加出资。强制要求没有违约的股东追加出资，某种意义上讲，是对“股东有限责任规则”的破坏。如果债权人不同意减少注册资本、所谓的注销股权无法实现，这意味着股东要追加投资，如果没钱就要承担赔偿责任。这个可能出乎一些投资人的预料。原来并不是以自己认购的出资额为限对公司负责，而是全体股东以认购的出资总额为限对公司负责，自己实际要支付的出资额并不是那么确定的一个金额。

综上，出资人违反《出资合同》，本来就是合同问题，用合同思维分析最为合适，可以解决其他思维方式无法解决的疑难问题。建议将《公司法》（2023 年修订）第 51 条、第 52 条修改为：“有限责任公司成立后，董事会应当对股东的出资情况进行核查，发现股东未按期足额缴纳出资的，应当向该股东发出书面催缴通知，如果在催缴通知规定的合理宽限期内未履行出资义务，董事会应当通知其他股东，其他股东有权按照出资比例代为履行前述未履行的出资义务。如果在董事会规定的期限内其他股东没有代为履行，董事会可以招募新出资人代为履行出资义务。前述违约行为给公司造成损失的，应当由违约股东承担赔偿责任。”

需要注意的是，1993年《公司法》中统一规制了股份有限公司、有限责任公司，由于两个形态的公司有很多合同规则是完全相同的，于是采用了一致的立法技术，规定一个形态的公司的某些合同规则按照或者参照另外一个形态的公司的合同规则，这样可以避免法律条文中出现大量的重复内容。在“出场顺序”上，1993年《公司法》把当时认为门槛比较低、比较普遍的有限责任公司形态放在前面，如果规则相同，那么后面出场的关于股份有限公司的章节按照、或参照前面已有的规则。有限责任公司在先，股份有限公司在后，后者参考前者，这样的立法体例结构设计，容易让人误认为有限责任公司（合同）是标准公司（合同）。

1993年《公司法》只允许使用《出资合同（实缴）》这个标准合同，后来改革才放开、允许使用《出资合同（认缴）》这个特殊合同。公司法学界，无论是学者还是经过专业学习的实务工作者，都清楚德国和中国的立法史，不会产生误认。但是，对于普通人、后入法律界的新手而言，是否会造成某种逻辑上的混乱、产生某种误区，不得而知。已经有学者呼吁改革公司法的体例结构，“将股份有限公司作为标准公司，有限责任公司的相关规定置于其后作为补充。”[1]

需要回顾的是曾经存在但被立法改革废止的“最低出资规则”，换作公司的角度说就是“最低（注册）资本制度”。1993年《公司法》规定，以生产经营为主的有限责任公司的最低注册资本是50万元，而且是一次性实缴。在那个年代50万元是一笔巨款，没钱出资设立公司的人采用虚假出资、伪造验资报告等造假手段的情形很多。后来不断改革公司法，降低最低注册资本额，最终在2005年修改《公司法》时彻底地取消了最低注册资本（银行等特殊行业除外），也就是出1元就可以注册一个普通的公司。1元少到只有符号作用、可以忽略不计，也即理论上不出钱就可以当股东。这在法理上是否行得通，是一个很大的疑问。把公司拟制为法人实体，首先就是要让公司有自己独立的财产所有权，但是拟制的结果是象征性有1元的所有权，岂不是真的变成了“虚拟”？用合同思维看，只有合同没有钱（财产）依然能构建、拟制公司，这印证了公司是公司合同组合拟制的实体。

---

〔1〕 周游：《公司法上的两权分离之反思》，载《中国法学》2017年第4期。

23

解除出资合同的特殊性、错误的“对赌协议”

《出资合同》本质上是投资合同。投资有风险，尽人皆知，但是未必都领悟了其中的风险。从合同思维看投资风险，最主要的问题是公司合同的复杂性、特殊性。公司合同是一个组合，也有学者称之为“合同集束”。对于一个相互交织、有机结合浑如一体的合同组合，解除它这个组合中的基础合同极可能会牵一发而动全身，造成连锁影响、牵连甚广。

最典型的例子就是解除上市公司合同组合。按照《合同法》关于合同解除的一般性规则、原理，筹集资本一方（拟上市公司）如果欺诈发行股份，那么应该允许出资方（投资人）解除《出资合同》。但是，我们都看到了，实践中几乎不存在因为欺诈发行而解除《出资合同》的案例，目前来看只有一两个特例。标准的处理办法是继续履行公司合同，欺诈行为人被判令赔偿投资者损失、被处以行政处罚甚至刑罚。首次公开发行上市就能够实现解除《出资合同》、恢复原状（退钱）的案例几乎都是被及时发现或叫停，大部分募集资金处于被监管状态，退回股款这个恢复原状的行为有可行性。例如，2008 年 7 月 1 日“立立电子”完成股票发行，所募集的约 5 亿元资金已划到账，却被叫停、没有挂牌上市，成为中国首例全部退还募资的公司。2011 年“胜景山河”募集的 5.8 亿元资金并加算银行同期利息被要求返还证券持有人。2000 年“通海高科”财务造假，在发行资金募集到位后被揭发造假，解除与交易所的上市协议，解决方案不是解除合同、退钱，而是采用“换股”也即变更合同主体的方式。中签“通海高科”的散户可按 1∶3.8 的比例换购“吉林电力”，不愿换股的投资者才用解除合同、退款的方式处理。大部分投资人都选择了换股。换股、换购结束后，吉电公司向深圳证券交易所申请上市。

对于已经上市的公司，再融资、欺诈发行新股，造假情节轻微的，结果是赔偿投资者损失，符合上市条件的可以继续维持上市地位，也就是不解除与交易所的上市协议，但可能被特别处理、贴上ST的警告标志物；如果造假情节严重，结果是退出证券市场、解除与交易所的上市协议，但继续履行包括《出资合同》在内的公司合同组合。后续演变的结果又分为：(1)赔偿损失，继续履行合同很久没发生重大变化，退市公司依然存续；(2)发生重大合同变更，也就是退市公司破产和解、重整、被兼并重组；(3)合同终止，也就是退市公司破产。(2)(3)这两个结果要比(1)更加常见。

通过前述分析可以发现，投资风险与《出资合同》的特殊性有密切关系。第一个特殊性是解除合同得到支持的概率低。如果造假情节轻微，则不能解除合同。第二个特殊性是造假情节是不解除合同的支持性理由，但不是唯一的考量因素，也就是说即便造假情节非常严重，合同也并不必然会被解除。如果能赔偿损失，就不赋予出资方解除《出资合同》的权利。第三个也是最重要的特殊性是必须考虑眼前这个诉争《出资合同》的解除对整合公司合同组合的影响如何。如果影响小，也即是这个《出资合同》在整个《出资合同》构成的"大合同"中占比小、重要性低，或者尚未融入整个公司合同组合中去变得难以分割，那么可以解除合同。反之，如果重要性高到足以导致公司合同组合"伤筋动骨"，那么就必须以不解除合同为首选项。如果影响不仅是"伤筋动骨"，而且是导致"一命呜呼"的话，那么首选项就应该是宣告公司破产，干脆就一股脑解除整个合同组合，而不是仅仅解除某个《出资合同》。但是法官不能主动宣告公司破产，也不适合动员某个债权人申请公司破产，那么就只好拒绝解除合同，等待某个债权人的律师醒悟过来。

如果不认为公司合同组合是真实存在的，忽略了其中的基础合同——《出资合同》解除的特殊性，那么在设计某些特殊的《出资合同》时就容易犯错误。例如，某些风险投资合同中的"对赌条款"被法院判决认为无效。被判定无效的对赌条款，往往有两个特点。一个特点是与公司"对赌"；另一个特点是交易对手对赌失败的结果是解除《出资合同》、退回全部出资款。这样就把《出资合同》与整个公司合同组合紧密地联系了起来。解除自己这个《出资合同》可能动摇整个公司合同组合的"生存"，从债权人保护的角度看，确保每一个债权人的利益不受损失，几乎是无法做到的事情。有的债权是到期债权，清晰可见。有的则是因为公司无力继续履行与第三人的合同，这样的违约损失难以计量，而且解除合同是对债权人的不公平，不公平是无法计量的。因此，从保护债权人的角度看，因对赌失败解除《出资合同》，是不能被允许的，所以判决都会从这个通俗易懂的角度去说理。

用合同思维分析的结果与前述分析的结论是殊途同归：不能和公司对赌。出资方律师主张解除投资合同、恢复原状时,往往只考虑自己的诉求(退钱),不考虑公司一方能否恢复原状。稍有商业常识都可以回答这个问题,根本无法恢复原状。公司是一个经营主体,公司的财产被定义为"资产",标志着它们都是动态的、时刻发生变化的,即使某些资产被司法"冻结"也会发生变化,如贬值。如何让若干年后的公司资产负债表恢复到几年前投资款到位的那一天的样子?绝无可能。

综上,除非是非常简单的《出资合同》,否则原告根本无法举证证明能做到恢复原状;因《出资合同》的特殊性,事实上无法做到合同解除后能够恢复原状,投资合同中关于对赌失败有权解除合同的约定事实上无法执行。法院用这个理由驳回原告的诉请,可能比用保护债权人、"资本维持原则"这样抽象的说法更加直截了当。对于"对赌条款"的设计者而言,不仅要看到眼前的这个《出资合同》,还应当看到这个《出资合同》生效以后与整个公司合同组合的关系;重视《出资合同》是整个公司合同组合中的基础合同,解除一个非常重要的《出资合同》会对整个公司合同组合造成重大影响,危及公司这个独立主体的"生存"。这也从合同理论角度解释了通说的观点。

24/

如何证明自己是股东

如何证明自己是股东？站在出资人角度，证明文件首先是其与公司的一对一《出资合同》，其次是履行合同出资义务的直接证明，如银行转账凭证、现金收款收据等。但是为了便于交易、提高效率，商业社会设计了一个间接证明，也即出资证明书。出资证明书是公司签发给出资人的。顾名思义，主要就是证明出资义务履行情况的。但它与证明自己是股东还有一段距离，不完全是一回事。

在公司合同关系中，出资人并不只是与公司发生关系，体现股东之间关系、公司整体资本情况的《公司章程》也是直接证明文件之一。一对一《出资合同》往往不被单独签署，事实上它被合并、融入公司章程之中，集中体现为章程中的关于股东出资的“法定必须记载事项”。这个法定必须记载事项，在公司章程提交给公司登记机关备案时，被公司登记机关摘取、制作成为一个“登记事项（股东信息）”并公示。随着计算机、信息化时代的到来，查询一个公司的“登记事项（股东信息）”变得非常便捷。股东在登记机关网站上查看公司的公示信息，看到“登记事项（股东信息）”无错误，就放心了：这足以证明自己是股东、证明自己的出资情况（出资方式、出资额、出资日期、在出资总额中的占比）。至于公司是否签发出资证明书、公司是否制作股东名册，已经不重要了。即使有出资证明书给外人看，结果人家去查“登记事项（股东信息）”发现不一致，自己可能被认为是撒谎、骗子，也不排除自己被骗了的可能。现实中，大部分公司都不按照公司法规定签发出资证明书，大概因为接收人不需要、不在乎这个间接证明。公司法的这个规定明显是“软约束”。尽管《公司法》规定，股东可以依据股东名册主张行使股东权利，但是名册复印件（加盖公章）也难以核实真伪，股东仍认为股东名册的证明力不如国家机关公示的“登记事项（股东信息）”。

“如何证明自己是股东”这个课题，换到公司角度就是如何查明谁是自己的股东及其出资情况。看合同、章程、付款凭证等直接证明是主要查明方法，其次是公司看自己签发的那个间接证明也即出资证明书。单个的出资证明书未必准确，加起来与章程记载的股东总体出资情况是否一致也无从得知；如果发生了股权变动，也可能没有及时换发出资证明书。公司为了提高自己的工作效率，又设计了一个间接证明，也即股东名册。股东名册这个文件既能记载股东个体的出资事实，也能汇总全体股东的出资情况。对公司而言，股东名册本质是一个换了名称、表现形式的账簿。

理论上，股东名册应该包含章程所不具有的信息，尤其在施行“股东分期出资、资本认缴制”的有限责任公司中，其章程往往只记载认缴出资信息，股东实际缴纳股款的信息缺失，在履行与股东的合同时基本上都是以股东名册为主、章程为辅。尽管如此，那些股东人数少的公司，不论是有限责任公司还是股份有限公司，基本上不单独制作股东名册，对于它们而言并不需要这个文件提供的信息就可以工作，股东信息就那么多、很容易被记在董事的脑袋中。

不难发现，可以从两个视角看待间接证明的差异。从股东视角看，“登记事项（股东信息）”最具证明力。从公司视角看，股东名册最具证明力。无论从哪个视角看出资证明书，它的证明力都很弱，可有可无，故在下文分析时不纳入考虑范围。

一般而言，并不需要特别关注“怎么证明自己是股东”这个问题，该问题的重要性往往体现在容易发生纠纷的特殊场合，也即对外股权转让的时候。股权转让合同生效，公司接到转让方的书面通知，作为被转让的《出资合同》的相对方，需立刻判断合同转让行为是否违反了公司合同组合，这既是公司的合同权利，也是公司对其他股东负有的合同义务。例如，董事会需检查转让的是否属于“公司章程规定转让受限的股份”，是否侵害了其他股东在同等条件下的优先购买权。如果公司认为股权转让符合约定，需及时与新的合同相对人、新股东开始履行合同，办理股东名册变更、办理登记变更等手续。从表面上看，股权转让是在转让方和买受方之间发生的、以股权为买卖标的物的合同行为，在这个过程中公司所要做的事情看起来是配合性质的程序性事务而非一个实质性的合同义务。如果公司无正当理由拒绝办理股东名册变更、办理登记变更，或者在合理期限内不予答复，转让人、受让人可以依法向人民法院提起诉讼，这个诉讼的性质是合同之诉，是要求公司履行合同。

既然公司本质上也是合同一方，那么为什么不让公司也成为股权转让合同的一方呢？在一些重要交易中，特别是控股权交易，转让方与公司一起与买家签订股权转让合同，相当于买卖双方以签约的方式发出书面通知给公司，通过签约的方法排除了公司对转让行为的质疑，避免事后出现麻烦。在股权转让合同中约定的公司合同义务是，需保证及时向新股东交付变更后的股东名册复印件（加盖公章），保证及时办理登记变更并将变更登记证明交付给买方。通过这样的合同安排可以有效地减少纠纷。

合同约定越是简单，越容易证明自己是股东，纠纷也越少。例如，在股份有限公司范畴，合同约定转让行为不需要修改公司章程、只需要修改股东名册，并且不需要办理登记变更，转让股份的纠纷就明显少于股权转让的纠纷。在上市公司范畴，股权转让纠纷非常少。合同签订、生效、付款、交割、股东名册登记，都是通过买卖双方的代理券商、通过证券登记结算公司几乎同时完成，而且没有后续的公司登记变更环节。在非上市股份有限公司范畴，股份转让纠纷也少。虽然无法与上市公司一样做到大部分交易行为同时完成，但是由于不需要法定的公司登记变更，法定的股东名册变更也不影响转让的法律效力，股份转让的交易不确定性大大减少。如果能通过立法减少某个环节，或许可以有效地减少有限责任公司范畴的股权转让纠纷。

部分地方的公司登记机关要求全体股东在章程上签字否则不给办理新章程备案、不办理公司登记事项变更。公司不积极催促，个别股东不积极作为，加上公司登记机关提出法律外的要求，都会导致即使变更了股东名册，新股东也可能在很长一段时间内不能体现在公司登记事项中，外部人无从得知公司发生了股权变动。如果公司把变更股东名册与完成新章程的签署挂钩，甚至可能在股权转让事实通知公司后很久都无法办理股东名册的变更。

《公司法》规定，转让股权后应修改公司章程中有关股东及其出资额的记载，但是对公司章程的该项修改不需再由股东会表决，那么是否让全体股东签字的必要性也就成了一个疑问，是否要求同时提交新章程的必要性也是一个疑问。如果改变公司登记规则，在不涉及章程其他内容修改时，允许公司通过提交变更后的股东名册的方式直接办理登记事项变更，可以做到两个变更的同步进行。如果顾虑有漏洞，可以设计一个补充机制，规定新章程或者章程修正案必须在变更完成后的规定期限内提交备案；如果逾期，登记机关可以警告、锁定公司的网上办事端口，同时在登记事项中以红色警告方式备注没有与登记事项变更同步提交新章程备案。

如果登记机关的服务性提升，利用网络信息化提供的便利，公司可以在登记机关网站上设置股东名册，那么公司在网上操作变更股东名册，登记机关的电脑自动提取信息并完成登记事项变更，两者几乎是合二为一，股东名册记载内容与“登记事项（股东信息）”同步、保持一致，并不违背以登记事项为准的原则。

综上,针对股权转让纠纷多的问题,商事法的化解方法主要是正确认识公司在交易中的合同地位,通过合同约定的方式明确公司的义务;行政法的化解方法是考虑如何通过改革减少行政登记环节,或者把行政登记与公司内部的股东名册登记合二为一。

25

隐秘但真实存在的股东之间的合同

在本书前面分析了"对赌协议"的错误设计，解释了为什么"不能和公司对赌"。既然不能与公司对赌，那么风险投资者就会设法与老股东对赌。新老股东对赌，会形成一个非常明显的"股东之间的合同"。在实践中会看到，一个风险投资的全套交易合同包含《投资（出资）合同》《（新老）股东协议》。但这个场合比较特殊，总体而言单独以《股东之间的合同》的形式出现的不多。股东之间的权利和义务关系，主要体现在公司法、公司章程之中。

《公司法》不仅规范公司自治，也调整公司股东之间的关系。《公司法》（2023年修订）第50条规定："有限责任公司设立时，股东未按照公司章程规定实际缴纳出资，或者实际出资的非货币财产的实际价额显著低于所认缴的出资额的，设立时的其他股东与该股东在出资不足的范围内承担连带责任。"该条中的"股东之间的约定"，凸显了合同关系是在股东之间，大体相当于《股东之间的合同》中的一个违约责任条款。这样能明显地体现股东之间合同关系的文字表述，在公司法中极少，让辨识工作变得比较困难。《公司法》（2023年修订）第49条规定，未按期足额缴纳出资的股东应当对给公司造成的损失承担赔偿责任，这样股东违约行为的伤害对象被设定为公司而非其他守约的股东，让辨识工作变得更加困难。

《股东之间的合同》的存在比较隐秘，但只要用合同思维细想，也不难在公司法、公司章程中找到痕迹。例如，《股东之间的合同》的当事人的合同地位平等，在公司法中体现为"股东平等原则"。

用少数股东的视角，也很容易发现《股东之间的合同》的痕迹，因为这个合同与保护他们的权益息息相关。用"其他股东"作为关键词在公司法中查找，会发现不少明显属于《股东之间的合同》范畴的法律规范。这些法律规范可以很容易地被转换为《股东之间的合同》的合同条款。列举如下。

(1)公司为公司股东或者实际控制人提供担保的,必须经股东会或者股东大会决议。前款规定的股东或者受前款规定的实际控制人支配的股东,不得参加前款规定事项的表决。该项表决由出席会议的其他股东所持表决权的过半数通过[参见《公司法》(2023年修订)第15条第2款、第3款]。

(2)股东应当遵守法律、行政法规和公司章程,依法行使股东权利,不得滥用股东权利损害公司或者其他股东的利益。公司股东滥用股东权利给公司或者其他股东造成损失的,应当依法承担赔偿责任[参见《公司法》(2023年修订)第21条]。

(3)经公司董事会依法催缴未在宽限期履行出资义务的,股东丧失其未缴纳出资的股权。依照前款规定丧失的股权在6个月内未转让或者注销的,由公司其他股东按照其出资比例足额缴纳相应出资[参见《公司法》(2023年修订)第52条]。

(4)有限责任公司成立后,作为出资的非货币财产的实际价额显著低于所认缴的出资额的,应当由该股东补足其差额,设立时的其他股东承担连带责任[参见《公司法》(2023年修订)第50条]。

(5)有限责任公司的股东向股东以外的人转让股权的,书面通知其他股东,其他股东在同等条件下有优先购买权。《股东之间的合同》(公司章程)另有规定的,从其规定[参见《公司法》(2023年修订)第84条]。

(6)人民法院依照法律规定的强制执行程序转让股东的股权时,其他股东在同等条件下有优先购买权。其他股东自人民法院通知之日起满20日不行使优先购买权的,视为放弃优先购买权[参见《公司法》(2023年修订)第85条]。

(7)股份有限公司的《股东之间的合同》(公司章程)规定转让受到合同(法律)限制的股份,其转让必须按照合同约定、法律规定[参见《公司法》(2023年修订)第157条]。

(8)公司与其持股超过90%以上的控股公司合并,其他股东有权请求公司按照合理的价格收购其股权或者股份[参见《公司法》(2023年修订)第219条第1款]。

(9)"异议股东收买请求权":公司与自己持股超过90%以上的附属公司合并,如果合并支付的价款不超过本公司净资产10%的,可以不经股东会决议;但是,《股东之间的合同》(公司章程)另有规定的除外[参见《公司法》(2023年修订)第219条第2款]。

上述列举清晰地显示了当发生关联交易、《出资合同》违约、《出资合同》被转让、公司合同重大变更(合并)等合同事件时股东之间的合作与对抗关系。有的对抗关系如此之明显,甚至都不需要召开股东会议。有的虽然在形式上需要召开股东会议,但实质是利益不同的股东之间的博弈。例如,公司为公司股东或者实际控制人提供担保的,必须经股东会决议。看似是在公司的权力机构上讨论公司的担保事宜,但实质上是有无利益关系的股东之间的博弈,其他股东反对提供担保的权利来源实质上是股东之间的合同约定,或者是在合同缺少明示约定时由法律条文填补合同"空隙",或者是在合同约定不明时由法定的公平原则帮助解释合同。又如,"异议股东收买请求权"的请求对象不是公司、董事会,而是存在利益冲突的股东。主张合并的大多数股东与反对的少数股东存在利益冲突,需要一个合同规则来调整。允许反对合并的少数股东退出、提前收回投资,本质上这是给予异议股东的一个救济手段,是股东之间关系的一个处理机制,并不是严格意义上的股东对公司的权利。

《公司法》关于关联交易的法律规范,本质上也属于《股东之间的合同》的范畴。公司董事会认为有必要与控股股东、实际控制人进行交易(关联交易),必须提交股东会审议。看似全体股东审议,实则关联股东没有投票权,本质上是其他股东在审议。如果其他股东过半数不同意,就不能进行交易。用合同思维看,其他股东的"否决权"其实早就写在了《股东之间的合同》之中。

公司设立时的章程必须得到全体股东的一致同意,具有明显的合同缔约特征;后续修改章程时,绝大多数情形都只需要全体股东"三分之二多数决",这样不容易让大家意识到章程的合同属性,更容易忽视章程中所包含的《股东之间的合同》的修改需要全体股东一致同意,并不适用"三分之二多数决"。

因为缺少合同意识,《股东之间的合同》的变更经常采用错误的缔约形式。股东关于变更《股东之间的合同》的意思表示,常常被错误地通过股东会决议的形式作出,长久以往产生一个根深蒂固的误区。董事会误认为是对公司事务作出决议,提交给股东会审议的议案是一个普通的议案,无论是董事会还是股东们都没有意识到他们所作所为是在变更合同,需要遵守合同法关于变更合同的基本规则:全体合同当事人一致同意,除非另有约定。

比较典型的例子是所谓的"定向减资"。通常公司减少资本,是全体股东等比例地减少出资额,也就是"同比减资"。从形式上看,没有谁的利益受到了不公平的对待,因此这样的同比减资需要召开股东会并以"三分之二多数决"方式作出决定。但是,特殊时候,只有个别股东减少了出资额并从公司收回了投资款,这就是定向减资;也被称为"不等比减资"。在公司法中没有、在几乎所有公司章程中都没有对定向减资作出规定或者“另有约定”。因此,有人认为定向减资也可以按照与“同比减资”一样,召开股东会并以“三分之二多数决”方式作出决定就可以。反对的股东认为决议不合法,申请撤销股东会决议。

申请撤销股东会决议的做法非常普遍,典型的案例有华某某与上海圣甲虫电子商务有限公司(以下简称圣甲虫公司)公司决议纠纷上诉案[1]。减资前,圣甲虫公司注册资本6,313,131元,股东杭州某公司认缴631,313元。圣甲虫公司股东会决议的内容是:(1)注册资本减少至6,102,693元,减资后杭州某公司认缴420,875元,也就是减少的注册资本与杭州某公司减少的认缴出资额一致;(2)圣甲虫公司向杭州某公司返还投资款500万元(原本投资1500万元)。上海市第一中级人民法院作出的裁判结果是确认圣甲虫公司的股东会决议不成立或者无效。法院的裁判观点是,减资存在同比减资和不同比减资两种情况,不同比减资会直接突破公司设立时的股权分配情况,如只需经2/3以上表决权的股东通过即可作出不同比减资决议,实际上是以多数决形式改变公司设立时经发起人一致决所形成的股权架构,故对于不同比减资,在全体股东或者公司章程另有约定外,应当由全体股东一致同意。

法院裁判观点的主要出发点是不能以多数决改变设立时的一致决。这个观点的说服力似乎并不充分,不能解释为什么公司法、公司章程明确规定2/3多数决就可以修改章程,但是法院却认为这个规定在某些场合不适用。用合同思维看,认同裁判结果,但说理更加容易。定向减资,是变更或者终止某一个股东的《出资合同》,但是这个《出资合同》不是单独、孤立地存在的,它从生效之时就被组合到整个公司合同之中,成为公司合同组合的一部分。如何修改该合同,必须考察修改是否导致公司合同的整体变化、对其他合同当事人的影响。在等比减资时,全体股东、个别股东的影响是一致的,不直接涉及个别合同当事人的合同利益,属于股东集体决定的事项范围,当然可以采用股东会“三分之二多数决”的方式处理。定向减资,对股东的影响是不一致的,直接涉及个别合同当事人的利益,实质上是意图减少自己出资的个别股东就变更《股东之间的合同》发出要约,意图提前获得返还清算剩余财产。只不过这个要约被习以为常地以股东会会议通知的方式发给了其他合同当事人。如果其他股东不同意修改合同,按照公司法关于合同变更的基本原则,当然有权拒

---

〔1〕 参见上海市第一中级人民法院民事判决书,(2018)沪01民终11780号;全国法院系统2019年度优秀案例分析获奖案例。

绝该要约,形式上就是在股东会议上投反对票。用合同思维看,会发现其他视角看不到的误区。形式上该案案由是公司决议无效诉讼,实质上是关于变更《股东之间的合同》的纠纷。从合同角度去裁判,更容易说理。

在股份有限公司范畴,买入卖出股票是最有效率的"手段权利",市场上有较为充裕的供给,股份的自由流动是证券市场的必须,因此,在某个股东转让股份时不需要征询其他股东是不是要优先购买,因此此类公司的《股东之间的合同》不约定优先权。而在有限责任公司范畴,部分股东可能需要这个"手段权利"。股权结构的变化会导致股东对公司的影响力发生变化,影响力的变化也会对"收益权"产生影响,因此留下来的股东需要手段来维护股价。卖出股权的定价,体现了卖出股东一方对"收益权"的价值判断,其他股东可以有自己的价值判断,如果觉得定价低了、买入可以增加自己的"收益权"的价值,那么股东就需要优先权这个"手段权利"。原本可以通过合同约定这个"手段权利",但它被载入《公司法》法条中以后成为定型化的标准章程条款。在某些有限责任公司中,股东未必需要这个东西,或者有新需求,可以自己另外设计合同条款,也就是公司法所规定的"公司章程对股权转让另有规定"。一般而言,有股东有意转让股权时,主要股东往往是潜在的买家,而小股东是"投机分子",如果发觉价格有利,就可以借助优先权去与主要股东"分食",不让大股东独享利益。《股东之间的合同》中约定、不约定优先权中涉及不同股东的利益博弈。

在公司法、公司章程之外,也存在很多"股东之间的合同条款"。例如,公司成立后,公司增加资本、发行新股,新股东与公司签订新的《出资合同》,此时经常会出现特殊股、"特殊股东权利"。特殊性首先体现在合同主体方面。有的风险投资合同是投资人要求公司全体股东与公司一起签署合同。这样的《出资合同》,具有"全体股东一致同意"的特殊效果。即便是只有控股股东一并签署合同,也具有"大多数股东一致同意"的特殊效果。此外,如果现有股东同意为公司履行《出资合同》提供担保,那么又增加一个股东之间的合同条款、担保条款。

"特殊股东权利",有一些体现为特殊股东与公司之间的安排,有的则非常明显的是股东之间的安排、与董事会没有直接联系。例如,控股股东卖出股权、股份时,特殊股东也有权按照相同的条件跟着一起卖(随卖权)。改变股东会议事规则,特殊股东不出席会议不能审议某些事项,特殊股东可以享有超过出资比例的表决权,或者对某些事项拥有否决权等。

26

股东之间的合同是关于表决的特殊约定

股东们聚集在一起开会，一个股东自己投票是个体意思表示，大家都投票后按照议事规则统计出一个结果，以这个结果为准确定一个集体意志，作为股东整体的意思表示，也就是形成会议决议。用合同思维看这个过程，其意义为一个合同履行行为。会议提案，就是要约。会议决议，就是对要约的反馈：同意要约，达成合意；或者拒绝要约，没有交易。确定集体意志需要通过表决规则、统计表决结果才能实现。

这个以会议形式表现出来的履约行为，主要的行为依据是公司章程，但透过公司章程可以看到公司合同组合中的很多合同都在发挥作用。例如，一对一的《出资合同》影响某个股东有多少投票权；包含全部一对一《出资合同》在内的“大出资合同”决定了股东投票权的总数和表决规则；《股东之间的合同》可能影响类别股、特殊股股东在某些特殊事项上的表决权。

需要注意的是，《公司法》(2023 年修订)第 144 条规定，股份有限公司发行每一股类别股的表决权数多于或者少于普通股的股份；对于监事或者审计委员会成员的选任，类别股与普通股每一股的表决权数相同。立法者似乎认为通过监事或者审计委员会监督董事会、高管是股东的一个基本的手段权利，必须平等享有，具有法律强制性，因此，即使股份有限公司发行类别股，也不应该区别对待，须一视同仁，禁止股东通过《股东之间的合同》进行“私下的交易”、另行约定。

表决规则的法律意义，不仅仅是公司内部权力机构的议事规则那么简单，还在于它是《股东之间的合同》的组成部分。既然是合同的组成部分，理论上股东就可能通过私下的合意修改表决规则，而不是通过修改章程来实现。《股东一致行动协议》体现的就是部分股东试图通过私下协议改变《股东之间的合同》中约定的表决规则。

《股东一致行动协议》在名称、当事人、内容等外观形式上都比较明显地属于《股东之间的合同》。因为上市公司必须公开披露信息，所以我们基本上都是在上市公司范畴看到《股东一致行动协议》，但不等于在非上市公司范畴不存在。

如本书之前的分析，在大部分场景中，股东享有的表决权的本质是合同权利，是监督董事会履行合同的一个手段权利。股东不使用这个手段权利，是公司合同允许的（约定的），是应有之义、无可厚非。但是，当一个股东公开披露要“放弃表决权”的时候，其实并不是不行使这个手段权利，不是单方行为，而是这个股东与其他股东的一个交易合同的一部分，本质上是部分股东试图通过私下的协议改变《股东之间的合同》中约定的表决规则。

《股东之间的合同》，有的是“私下的”，有的则是“公司的”。厘清一个股东之间的协议，是内部化的、“公司的”，还是外部化的、“私下的”，对于董事会召开股东会议非常重要，对于判断股东之间的协议是否合法有效也非常重要。

所谓“私下的”，是指某些股东之间的协议对公司（董事会）没有法律约束力。例如，股东A告诉另一个股东B我放弃了表决权，董事会可以假装不知道，依旧按照常态来统计全体股东的总表决权数。股东B本以为自己投出的票可以决定会议结果，但可能只是一个误解、误会。所谓“公司的”，是指某些股东之间的协议内部化，对董事会有法律约束力。

用合同思维看，无论是某些股东一致行动（表决），还是某些股东放弃表决权，都必须考虑对整个合同组合的影响。如果一个股东之间的协议，对整个公司合同组合有重大影响，例如，改变了控股股东地位、实际控制人发生变化等，这个协议必须内部化才能具有法律效力，也就是必须作为一个补充协议写入现有的《股东之间的合同》。如果其他股东、合同当事人反对，则不能生效，董事会应当拒绝履行这个股东之间的协议。反之，如果一个股东之间的协议影响小，则不需要变更整个《股东之间的合同》，或者可以认为《股东之间的合同》早就默示地约定这样的小事情不需要全体合同当事人同意、不需要变更合同。例如，几个小股东为了能行使“重要股东手段权利”而临时结合起来，表决权凑起来达到了法定门槛，要求召开临时股东会议。这样的股东之间的协议就是合法的。

用合同思维看，某些《股东一致行动协议》、某些股东所谓的“放弃表决权”是非常隐蔽的违约行为。其他合同当事人不仅有拒绝变更合同的权利，还应该考虑这是否构成了违约并有权索赔或者解除合同。在公司控股权交易中，如果采用所谓“放弃投票权”的方式，必须高度重视有关合同安排的合法性很可能被其他股东挑战，存在被起诉宣告无效或者被撤销的法律风险。

公司董事会、监事会必须审视股东之间签订《股东一致行动协议》等协议是否符合公司利益,有义务监督股东之间的私下合同是否损害了其他股东的利益,是否撼动、破坏了公司合同组合。

27/

代持股权可能是违约行为

司法裁判对各种名实不符行为都持否定态度,甚至认定有关合同无效、对某些行为要予以处罚。例如,“名为联营实为借贷”曾经比较常见,法院判决联营合同无效,认为这是“以合法形式掩盖非法目的”、规避金融管理法规。涉及自然人身份主体的名实不符,一般被称为“代持”或者“借名”。在公司范畴,代持股权、代持股份,是近年来较为流行的用语,之前常见的说法是显名投资、隐名出资、委托持股等。在其他范畴,常用的是借名,如借名买房、借名开户、出借银行账户。借用他人名义的行为几乎都是被明令禁止的,相当一部分被行政处罚。例如,《最高人民法院关于出借银行帐户的当事人是否承担民事责任问题的批复》(已废止)规定:“出借银行帐户是违反金融管理法规的违法行为。人民法院除应当依法收缴出借银行帐户的非法所得并可以按照有关规定处以罚款外,还应区别不同情况追究出借人相应的民事责任。”

《公司法》(2023 年修订)新增加的第 140 条第 2 款规定:“禁止违反法律、行政法规的规定代持上市公司股票。”从此,代持股份从一个日常或者说商业概念变成了正式的公司法概念。它一正式出场,就与“禁止”联系在一起,凸显了立法者的鲜明“立场”。

代持行为究竟是什么性质,如何认定双方的关系?如果是合同关系,那么合同性质是什么?在商事领域特别是公司范畴,代持、借名的合同性质是否有特殊性?这些问题似乎并没有被学界、司法界充分讨论过。以股权代持为例,有关司法解释、最高人民法院会议纪要都对如何审理股权代持纠纷给出了详细的指引,但都没有诠释实际出资人与名义出资人(代持人)订立的《代持合同》的性质是什么。笔者认为,《代持合同》属于《民法典》规定的有名合同之一的“委托合同”,在公司商事领域可以细分为是“商事委托合同”。

以股权代持为例。张某与李某之间签订了《代持合同》，按照合同约定，张某代李某持有股权，张某与公司签订《出资合同》，对于公司和其他股东而言只知道张某是股东并不知道实际出资人是李某；在《出资合同》的履行过程中，张某不需要思考、表达任何自己的意思，完全受李某操纵、听命于李某在股东会议上发言、投票；从公司获得分配的利润经张某转手支付给李某，如果投资亏损后果由李某承担、与张某没有利害关系；最终的清算剩余财产也经张某转手归属于李某。这些行为完全符合委托合同的特征。

很显然，在《代持合同》履行过程中，张某与太多的其他人（第三人）建立了合同关系。张某作为名义股东以自己的名义与公司、每一个其他股东、董事会成员，甚至公司债权人订立包含《出资合同》《股东之间的合同》《代位合同》等在内的公司合同组合。不知道《代持合同》存在的第三人，在知情后，有权对抗代持人和实际出资人，也即有权挑战委托合同的法律效力。对抗、挑战的法律依据如下。

（1）以第三人身份，依据《民法典》第926条提出反对。第三人主张，如果在订立合同时知道该委托人（实际出资人）的话根本就不会同意订立合同。当委托人现身要求第三人以其为合同相对方履行合同时，第三人有权拒绝。

（2）以合同相对人的身份，依据《股东之间的合同》等公司合同组合提出反对。在与第三人订立合同时，代持人隐瞒了自己并非真实出资人的信息，这个行为无疑是不诚信的缔约行为，在合同订立后继续隐瞒信息还构成持续性的合同违约行为。公司合同组合复杂，隐瞒信息涉及的不知情的人员范围可以包括公司、其他股东、全部或者部分董事、监事，甚至还有公司的债权人，这些人作为合同相对人都有资格就代持人违约主张合同权利，甚至也可能向知情不举的其他合同当事人主张合同权利。视违约情节、异议股东持股比例等具体案件事实，异议股东可以提出的请求包括但不限于：要求以合理的价格退出公司；要求公司以合理的价格购买代持股权，予以注销或者参照失权股份的处理规则另行处理；要求解散公司，就损失向代持人、实际出资人索赔。如果董事知情不报，异议股东有权要求不诚信的董事辞职或者承担连带责任。如果代持人不诚信的后果严重到足以影响合同目的的实现，异议股东甚至可能有权要求解散公司。举个极端的例子，实际出资人是黑社会犯罪团伙，异议股东不仅有权拒绝其“显名”，而且有权解除整个公司合同并就损失向代持人、实际出资人索赔。

（3）作为合同相对人，行使反对修改合同的权利。从合同修改角度看，把代持人更换为实际出资人,是整个公司合同组合中的一方合同主体变更,合同变更必须得到其他合同当事人同意。异议股东有权不同意修改合同。只要有一个股东不同意都不能修改合同。这样的对抗,不仅是对抗代持人、实际出资人,同时也是对抗那些知情且同意代持行为的其他股东。

2014 年的《最高人民法院关于适用〈中华人民共和国公司法〉若干问题的规定(三)》(以下简称《公司法解释三》)、2019 年的《全国法院民商事审判工作会议纪要》(以下简称《九民纪要》),虽然承认异议股东的权利,但是没有明确该权利的性质是合同权利。根据《公司法解释三》的规定,如果其他股东半数以上同意,实际出资人有权请求公司变更股东、签发出资证明书、记载于股东名册、记载于公司章程并办理公司登记。根据《九民纪要》的规定,实际出资人能够提供证据证明有限责任公司过半数的其他股东知道其实际出资的事实,且对其实际行使股东权利未曾提出异议的,对实际出资人提出的登记为公司股东的请求,人民法院依法予以支持。过半数的其他股东知道代持事实且无异议,只是他们自己在行使自己的合同变更同意权,他们是否同意与异议股东反对变更并没有关系;少数服从多数的规则,在修改合同时并不适用。"股东多数决规则"的适用范围并不包括修改《股东之间的合同》,也不适用于违约方请求变更合同。在合同订立时代持人作出虚假意思表示,异议股东不知情,自然不会对代持如何还原达成任何合意,不可能就"股东多数决规则"适用于代持还原场合达成合意。

综上,股份、股权代持行为是公司合同范畴中的一个不诚信行为,破坏了公司合同秩序,可能属于严重违约行为,公司法应当明令禁止,不应当仅局限于上市公司范畴规定"禁止违反法律、行政法规的规定代持上市公司股票"。可以借鉴我国香港特别行政区的做法。我国香港特别行政区政府颁布的《私人股份有限公司章程细则范本》规定:"公司仅受绝对权益约束;除非法律规定,否则本公司不承认任何人以信托形式持有股份。除非法律或本章程细则另有规定,否则除持有人在某股份中的绝对拥有权及随附的一切权利以外,本公司完全不受该股份中的任何权益约束,亦完全不承认该股份中的任何权益。"

充分认知代持的违约行为属性,可以帮助我们选择恰如其分的语言表达方式。借名与代持比较,借名这个概念或许可以更好地反映行为实质。代持,这个表述方法,用的是名义行为主体的角度,体现了它与真实的行为主体之间的关系。然而换个角度看,真实的行为主体不愿意用自己的真名而是借用他人名义从事民商事活动,故此也被称为借名。借名,似乎比代持更能体现出双方的主被动关系、支配和被支配关系,包含了从一开始商量借名、提供身份证件,被借名人在实际出资人安排下没有参与合同协商就在合同上签字,乃至合同履行期间继续出借名义、身份证件,甚至用被借名人的银行账户替实际出资人收取利润分配,直到合同被履行完毕或者终止的"复原"等好多具体履约行为。借名,可以很好地描述这样一个动态。

自古以来人们在生活常识中就总结了"名分""名义"等概念。不用自己的名字做事情,与不恰如其分、不正义等负面概念高度关联。借名,未必是违法行为,但大概率是不光彩的、隐秘的,具有潜在破坏性的,用法律语言说就是不诚信。"借名合同",可以减弱代持合同这个说法的中性特点,增添其贬义的特征。给这样一个不诚信的合同行为起一个恰如其分的名称,是有意义的。

28

真正的企业组织形式变更应该与合同变更的基本原理匹配

《市场主体登记管理条例实施细则》第37条规定："公司变更类型，应当按照拟变更公司类型的设立条件，在规定的期限内申请变更登记，并提交有关材料。

非公司企业法人申请改制为公司，应当按照拟变更的公司类型设立条件，在规定期限内申请变更登记，并提交有关材料。

个体工商户申请转变为企业组织形式，应当按照拟变更的企业类型设立条件申请登记。"

有限责任公司、股份有限公司被视为"公司"这个集合概念中的两个类型，有限责任公司转变为股份有限公司就是"变更公司类型"。不同类型的公司同属于公司法这个范畴，变更类型也发生在同一个范畴内。用合同思维来看，公司变更类型属于"公司合同"的变更。公司变更是双向的，有限责任公司可以变更为股份有限公司，反过来股份有限公司也可以变更为有限责任公司。

用主体、组织思维看个体工商户，它不具有企业组织的形式外观。用合同思维看它，在这个范畴，根本不存在类似公司合同的能形成团体关系、组织体的合同。既然连合同都没有，也就谈不上合同变更，个体工商户无论是变更为公司，还是合伙企业，有关主体都必须签订新合同才能满足设立条件，因此必定是一个新设市场主体行为。严格地讲，只有个体工商户注销市场主体登记、税务登记，然后户主（自然人）才能申请新设立其他市场主体并办理登记。一个注销登记行为，一个新设登记行为，两者之间没有合同联系。因此，《市场主体登记管理条例实施细则》第37条第3款与前两款规定完全不同，根本不认为存在变更登记，而是代之以"申请转变为企业组织形式"这个说法。反过来，任何市场主体都无法变更为个体工商户；从"有合同"变为"无合同"，唯一的路径就是终止合同，终止合同与变更合同的法律性质全然不同。

非公司企业法人，也即通常所说的不规范的公司（没有贬义），这些非公司企业法人的名称中通常含有“公司”但没有“有限”“有限责任”字眼。它们不是依据《公司法》登记成立的，主要包括：根据《全民所有制工业企业法》（2009 年修正）成立的国有企业、根据《城镇集体所有制企业条例》和地方性私营企业条例等成立的集体企业和私人企业、在深圳等沿海改革开放先行地区根据《深圳经济特区股份合作公司条例》（2019 年修正）等地方性法规登记的“股份合作公司”。1993 年《公司法》生效后，国家工商管理总局曾经开展过规范化运动。规范化，就是要求名称中含有“公司”字眼的非公司企业法人按照公司法重新制定章程、重塑自己的组织机构，改制、改建为“公司制”。

改制的具体做法如下：一个企业的登记档案包含两个性质不同的卷册，出具一个变更登记证明。档案中的一个卷册记载的是根据《合伙企业登记管理条例》（已废止）注销原本的国有企业，但是免于清算。另一个卷册记载的是根据《公司登记管理条例》（已废止）设立一个有限责任公司的新设登记，认为股东是以经审计评估的净资产出资并且注册资本不高于净资产值；允许新设主体承接被注销主体的商号，新设主体的成立日期按照被注销主体的成立日期登记。之所以这样操作，是因为这个改制行为在实体法方面跨范畴，从《全民所有制工业企业法》（2009 年修正）等跨越到《公司法》；在程序规则方面也跨范畴，从《合伙企业登记管理条例》直接跨越到《公司登记管理条例》，并没有一个行政法律规范解决《合伙企业登记管理条例》与《公司登记管理条例》的衔接问题。

用合同思维看，合同不论如何变更性质不会、也不应该发生变化。如果认为非公司法人也是由合同构建的，那么“非公司法人合同”的主要合同规则与公司合同必须是相同的或者高度类似的，才能把“非公司法人合同”变更为“公司合同”。非公司法人与公司都是法人，属于一个大范畴，在财产独立、债务（责任）独立负责的规则方面显然是一致的。非公司法人合同可以变更为公司合同。因此，非公司法人申请改制为公司，在合同理论上是完全没有瑕疵的。《合伙企业登记管理条例》《公司登记管理条例》同时被 2022 年 3 月 1 日生效的《市场主体登记管理条例》废止，《市场主体登记管理条例》把两个旧行政法规的规则融合起来以后形成一个大范畴，从而在程序方面解决了变更问题。从此以后，可以用真正意义上的变更登记来处理非公司企业法人申请改制为公司的问题。

《市场主体登记管理条例实施细则》第37条没有规定合伙是否可以申请改制为公司或者转变为公司。本书分析了《财政部、国家税务总局关于企业重组业务企业所得税处理若干问题的通知》。该通知规定:企业法人转变为合伙企业等非法人组织,应视同企业进行清算、分配,股东重新投资成立新企业;企业发生其他法律形式简单改变的,可直接变更税务登记,除另有规定外,有关企业所得税纳税事项(包括亏损结转、税收优惠等权益和义务)由变更后企业承继。按照该规定,公司变更为个人独资企业、合伙企业,必须进行清算,并就清算所得依法缴纳所得税。

用合同思维看,公司合同与合伙合同存在本质上的差异(参见本书第1~3章节),公司合同不能变更为合伙合同,只能终止公司合同,然后另外订立新的合伙合同,才能实现公司变更为合伙企业;而有限责任公司合同与股份有限公司合同的差异不大,可以进行合同变更、不必要终止合同,不需要进行清算和就清算所得缴纳所得税。税务机关注重实质,其观点与合同法基本法理相通。

出资人新设合伙企业,形成的财产所有权是合伙人共有,这个财产所有权无法通过公司合同直接取得,出资人只能要求公司履行《出资合同》、返还清算剩余财产,这样就是一个交易完成、产生所得,负有纳税义务。有关当事人用这些税后财产再共同出资成立合伙企业,是另外一回事(交易)了。

因为合伙合同与公司合同存在本质上的差异,所以反过来合伙企业也无法变更为公司,同样需要对合伙企业进行清算、对共有财产进行分割,合伙人用自己名义拥有的财产重新投资成立公司。如果需要将“这个生意”从合伙企业延续到公司,可以用资产收购的方式由新成立的公司向合伙企业收购资产。这或许可以解释为什么《市场主体登记管理条例实施细则》第37条不规定合伙是否可以申请改制为公司或者转变为公司。

《市场主体登记管理条例实施细则》第37条没有规定普通合伙企业是否可以变更为有限合伙企业,也没有规定反向度的变更。其中的道理或许也可以用合同思维找到答案。普通合伙企业是全体合伙人对合伙企业的债务负有最终责任,如果变更为只是部分合伙人(普通合伙人)对合伙企业的债务负有最终责任,必须得到债权人的同意,才能修改合伙合同。《合伙企业法》没有相关具体规定,不能认为存在无须债权人同意就可以修改合伙合同的关键合同规则这样的默示合同约定,因此,如果普通合伙企业希望变更为有限合伙企业,必须先清算,这样连形式上的变更都无从谈起。这或许可以解释为什么《市场主体登记管理条例实施细则》第37条不规定普通合伙企业是否可以变更为有限合伙企业。但是反过来,有限合伙企业合同变更为合伙企业合同,并不存在前述问题、障碍,似乎具有可行性。那么为什么第 37 条也不予以规制？有待进一步研究。

综上,真正的登记类型变更应与合同变更的基本原理匹配。《市场主体登记管理条例实施细则》第 37 条,既包含真正的登记类型变更,也包含性质完全不同的貌似变更,如果将第 37 条分拆为几个条款逻辑上会更加清晰。

29

公司终止时的清算代理合同

如前所述，公司对股东负有一个最主要的合同义务就是有义务向股东返还清算剩余财产。具体负责代表公司履行合同义务的是董事会。当公司合同组合终止，组合中的《董事会合同》也应当同时终止，但是董事会成员依然负有“后合同义务”，按照《民法典》合同编负责履行合同清理条款，也即负责《公司法》规定的公司自行清算。因此，公司清算的义务人应当是前董事会成员。在这个特殊时期，董事会成员的头衔应该被变更为清算组成员，以体现出在当下的主要职责，但此时并不会产生新的《清算代理合同》。

在一些案例中，股东认为董事会成员大部分要自谋生路或者另寻出路、各奔前程，对公司的忠实义务是否还能持续值得怀疑，股东决定自己负责清算；对于董事会成员来说，这无疑是减去一个合同负担，几乎都会同意。经过合意，股东负责清算、负责委任清算组成员，在股东会决议体现为全部或者部分董事不再是清算组成员。这也意味着在股东与清算组成员之间订立了一个新的《清算代理合同》。

不论是董事会还是股东负责清算，清算组成员的义务原本都与董事会成员的忠实义务不同。根据《清算代理合同》，清算组成员，不论他之前的身份、头衔是什么，都只是承担代理人的忠实义务，《公司法》(2018 年修正)第 189 条的具体表述是“忠于职守”而不是“忠实义务”。但《公司法》(2023 年修订)第 238 条用“忠实和勤勉义务”取代了“忠于职守”，属于一个比较重要的“合同变更”。

前述的合同行为，在不同时期的《公司法》具体条款中有所体现。《公司法》(2018 年修正)规定有限责任公司的清算组由股东组成，意味着清算义务由股东承担，与董事会成员没有直接关系。如果董事转换身份变成清算组成员，那么他要履行的合同是与股东达成的《清算代理合同》而不是《董事会合同》。《公司法》(2018 年修正)还规定，股份有限公司的清算组由董事或者股东大会确定的人员组成。如果是董事确定的清算组组成人员，那么意味着董事负责清算，清算组成员根据与董事的《清算代理合同》履行职责。

《公司法》（2023 年修订）第 232 条规定董事为公司清算义务人、清算组由董事组成。这体现了新公司法改革所主张的“董事会中心主义”。该条还规定“公司章程另有规定或者股东会决议另选他人的除外”，为企业家留有自由合同协商的空间。如果公司章程规定或者股东会决议董事不是清算义务人，另外委任代理人组成清算组，那么等于是在合同终止后的清理阶段股东自我交易。此时股东是否负有任何忠实义务？如果法律没有规定股东有忠实义务，股东委任的代理人的所谓忠于职守也就非常有限了，代理人的义务不能超越自己的委托人的义务范围。那么是否可以推定股东负有忠实义务呢？值得研究。宗旨，可能会存在法律漏洞。规定董事为公司清算义务人的优点比较明显，或许可以解决董事的忠实义务的期限是否应当延续到合同终止以后的“后合同”阶段这个难题，可以避免董事在最后收尾、清理阶段“撂挑子”、甩手走人。如果在这个阶段董事违背忠实义务，法律应当对其进行谴责、列入不诚信董事黑名单，甚至进行行政罚款。但是，对于一个普通的清算代理人而言，这样的制裁措施就未免有些过分了。毕竟法理上一个清算组成员作为代理人的忠实义务与董事负有的忠实义务存在本质差异。

综上，用合同思维看公司清算，可以清楚地意识到是否产生了新的《清算代理合同》，清算义务人的合同依据是什么，依据不同的合同可能负有不同内容的忠实义务、诚信义务。《公司法》（2023 年修订）修改公司清算规则，规定董事而不是股东为公司清算义务人，规定清算组由董事组成而不是股东指定的人员组成，非常符合公司合同的基本原理。但是，对于“公司章程另有规定或者股东会决议另选他人的除外”这个例外规定是否可能产生漏洞，还有待进一步研究。

30

有哪些合同权利可以被股东滥用

《公司法》(2023年修订)第21条规定:"公司股东应当遵守法律、行政法规和公司章程,依法行使股东权利,不得滥用股东权利损害公司或者其他股东的利益。

公司股东滥用股东权利给公司或者其他股东造成损失的,应当承担赔偿责任。"

如本书前述分析,用合同思维看,股东权利实质上就是股东的合同权利。因此,所谓"滥用股东权利"应该属于合同范畴,可能属于合同违约行为与侵权行为的竞合,而不是单纯的侵权问题。

在深入分析前,有必要厘清具体有哪些合同权利可以被股东滥用?首先,以主体为出发点展开分析。对公司没有影响力的小股东,被大股东欺负、压迫的概率更大;能滥用自己享有的个体股东手段权利去损害大股东、公司,乃至债权人的利益,概率非常低。与其说是小股东滥用自己的股东权利,不如说小股东过度维权更为贴切。最有可能滥用"重要股东手段权利"的主体是大股东、控股股东,公司法预先设定的行使该项股东权利的"门槛"已经把小股东排除在外。因此,滥用股东权利这个课题限定在大股东、控股股东这样的重要股东主体范围来讨论比较合适。

其次,以行为的具体内容或形态为出发点展开分析。《公司法》(2023年修订)第21条规定非常原则性,没有列举具体的滥用行为。笔者认为,最可能被重要股东滥用的"重要股东手段权利"共3项,分别是:监督查阅权;提议召开临时股东会议的权利;起诉解散公司的权利。逐一分析如下。

(1)监督查阅权。连续180日以上单独或者合计持有公司3%以上股份的股东,有理由怀疑公司业务执行违反法律、行政法规或者公司章程,请求查阅被公司拒绝的,有权起诉,胜诉后查阅的理由成立不等于公司"行为不端",即便查阅没有了下文、不了了之,也不能因此认定有关股东滥用权利。某个或者某些重要股东持续不断地要求行使这个监督查阅权,很少见。真正的大股东(控股股东)根本不需要以监督查阅权名义做事情,完全可以在董事会的配合下做到比监督查阅等级更高的全面财务审计。

(2)提议召开临时股东会议的权利。重要股东踢开董事会、自己提议召开临时股东会议,是比较罕见的。多半是有关重要股东与董事会发生了“斗争”,是真的要维权,而不是要损害谁的利益。

(3)起诉解散公司的权利。这是一个大杀器,原告股东自己的利益也会被损害,一损俱损。虽然罕见,但确实有可能发生,因为我就曾经办理过一宗这类诉讼案件。在这个案件中,大股东败诉,我所代表的公司和其他股东并没有反诉大股东、索赔。理由很简单,既然大股东能实际行使权利,那么肯定最低限度地在形式上满足了法定“门槛”条件,表面上看不出来滥用的主观恶意,举证困难,胜诉概率极低。

至于股东集体监督权,主要是公司法规定的股东会的法定职权。如本书前述分析,股东会的法定职权,一部分是为了履行合同而形成集体意志,另一部分是股东集体监督权。如何召开股东会议,公司章程规定了详细的议事规则,董事会、监事会成员都会在会议现场监督,股东集体监督权能够被全体股东集体滥用的概率很小。控股股东利用表决权的优势影响或决定会议结果,在形式上并不构成滥用,更无法探知其内心是否有滥用权利的故意。

如前述分析,能够被滥用的股东权利几乎就是合同约定提供给股东用来维权的手段权利,并非什么“权利”。维权的手段如何能够被滥用?比较费解。

另外需要注意的是,《公司法》(2023 年修订)第 21 条规定的“滥用股东权利”,与第 22 条规定的“利用关联关系”以及第 23 条规定的“滥用公司法人独立地位和股东有限责任”不是一回事,不要混淆。

31

逃避债务的违约行为、侵权行为

《公司法》(2023年修订)第23条第1～2款规定:“公司股东滥用公司法人独立地位和股东有限责任,逃避债务,严重损害公司债权人利益的,应当对公司债务承担连带责任。

股东利用其控制的两个以上公司实施前款规定行为的,各公司应当对任一公司的债务承担连带责任。”

《公司法》(2023年修订)第23条第1款与第2款是有关联的,但也可以各自独立存在。为了方便讨论,本书把第1款与第2款分开讨论。本章节只分析第1款。公司债权人又可以被分为合同债权人(主动债权人)和侵权债权人(被动债权人)。为了避免讨论复杂化,本章节把分析范围限定在合同债权人范畴。

《公司法》(2023年修订)第23条第1款的治理对象毫无疑问是股东。按照法条的字面意思理解,对股东发起治理的动因是股东“逃避债务”,行为的结果损害了公司合同债权人的利益。那么股东逃避的到底是谁的债务呢?理论上存在两种可能:逃避的是公司的债务或者逃避的是股东的债务。先分析逃避的是股东的债务这个情形。

在公司合同范畴,公司法人独立地位规则和股东有限责任规则,是两个高度关联的合同规则。当我们说“股东滥用公司法人独立地位和股东有限责任”的时候,实际上说的是股东严重违反了这两个合同规则,而不是认为法律允许存在“股东有限责任的例外情形”,否则就是自相矛盾。在合同、合同法范畴,没有“滥用”这个概念,能与“滥用”这个概念大体对应的是通常所说的“严重违反合同”,或者更加严谨一些的说法“根本违约”。“违约方的违约程度显著轻微,不影响守约方合同目的的实现”,不能解除合同,反之,影响守约方实现合同目的以至于法律允许守约方解除合同的违约行为就是“根本违约”。公司法人独立地位规则、股东有限责任规则这两个合同规则，在合同各方当事人都守约、正常履约时，能发挥作用，但是发生违约、特别是“根本违约”时，这两个规则被破坏了，自然就不能发挥作用。“有限责任制度在特定法律事实发生时对债权人保护的失衡现象”，这个说法很容易令人忽略所谓的“特定法律事实”是违约行为。

“股东滥用公司法人独立地位和股东有限责任”，根本性地违反了哪些具体的、实在的合同规则？这是分析的重点。如果不能从抽象的“股东滥用公司法人独立地位和股东有限责任”具体到具体违约行为，所有的讨论都是理论上的空谈。为了分析违反公司法人独立地位和股东有限责任这两个规则的行为，有必要先分析这两个密切相关的规则的具体内容。以下用表7展现两个规则的内容和相互关系。

表7　股东有限责任规则与公司法人独立地位规则的内容和相互关系对比

	股东有限责任规则的内容	公司法人独立地位规则的内容
(1)	尊重公司的独立地位	独立于股东，平等关系
(2)	股东的债务与公司没关系	公司财产独立，不对股东的债务负责
(3)	股东不负责经营管理	董事会负责经营管理
(4)	股东履行了出资义务后不对公司债务负责	公司自己拥有财产所有权，独立地对自己的债务负责
(5)	不得要求公司在清偿对普通债权人的债务前向自己返还清算剩余财产	必须先清偿普通债务后才能向股东返还清算剩余财产

以下用表8列示违反这两个规则的具体行为。

表8　股东有限责任规则与公司法人独立地位规则的具体行为

	违反股东有限责任规则的行为(股东)	违反公司法人独立地位规则的行为(公司)
(1)	在人、财、物等方面，局部或者全面地破坏公司的独立地位，各种程度的混同	董事、高级管理人员违背忠实义务，全部或者部分地沦为股东代理人；监事会失职、违背忠实义务
(2)	直接用公司资产偿还股东的债务	全部或者部分董事、监事、高级管理人员主动帮助股东逃避债务或者装聋作哑，违背忠实义务
(3)	股东直接插手或者接管公司的经营管理，如股东单位的高管兼任公司的高管	董事会失灵，对公司经营管理不管不问，违背忠实义务；监事会失灵，违背忠实义务

续表

	违反股东有限责任规则的行为(股东)	违反公司法人独立地位规则的行为(公司)
(4)	股东不履行出资义务	董事会不向违约的股东追缴股款;监事会失灵,违背忠实义务
(5)	在普通债权人的债务没清偿前以非法分配利润、非法减资、不公平的关联交易、非法清算等方式向自己返还清算剩余财产	董事会违背忠实义务,配合股东在普通债权人的债务没清偿前以非法分配利润、非法减资、不公平的关联交易等方式向股东返还清算剩余财产;监事会可能失职、违背忠实义务

表8中序号(2)列出的违约行为在实践中是常态。例如,大股东资金周转困难,利用公司作为担保人,结果无法清偿债务,担保人不得不承担担保责任,导致公司资产被用于偿还股东的债务,直接给公司造成损失。如果真实记账的话,公司账簿上会记载公司对该股东有“其他应收款”。如果董事会失职,在诉讼中不积极举证,公司因该违约行为遭受的损失很容易因为证据不足而无法得到法院支持,公司所遭受的损失往往不了了之。债权人依据“代位合同规则”向该违约股东主张权利,是否只能局限在“其他应收款”金额范围,是否有权要求该股东对损失承担连带责任,有待研究。

表8中序号(4)的行为是比较明显的违约行为,债权人可以借助“代位合同规则”向违约的股东求偿。这个违约行为能逃避的股东的债务非常具体且有限。债权人也只能请求有关股东在没有支付的出资金额范围内对公司债务承担连带责任。

表8中序号(5)的违约行为,往往以合法形式掩盖非法目的,非常隐蔽。如果缺少董事会的配合,债权人难以举证,一般都无法成功索赔。在该场合,债权人也无法要求有关股东对公司的全部债务承担连带责任。

最复杂的是表8中序号(1)的违约行为。在2019年公布的《九民纪要》中,该等违约行为被概括为股东与公司“人格混同”。需要注意的是,在实践中存在大量的混同,本质上是不规范行为,并不是以损害公司债权人利益为目的。例如,公司住所与股东住所混同。股东同时开办的两家公司在一个物理界限不分明的大办公室或者同一层楼合署办公,在外部人看来是混同,但是公司员工认为秩序井然、分得清楚。单凭这一个事实,就主张逃避债务,几乎无法证成。又如,财务人员混同。股东同时开办的两家公司的财务部门都是同样的人,属于人员混同,但是能分清职责,账簿分得清楚的也不在少数。即便把前述两个混同事实作为证据,也难以主张逃避债务。最重要的违约行为是资金混同、财产混同。例如,公司账簿与股东账簿不分,致使公司财产与股东财产无法区分的;股东自身收益与公司盈利不加区分,致使双方利益不清的。长此以往,任何一方的财务负责人都搞不清,无法做到内部的对账、分账、记账、结账,这已经不能用不规范、混同来形容了,只能说是混乱。借用《九民纪要》的表述就是"最主要的表现是公司的财产与股东的财产是否混同且无法区分"。发生这种情形,即便通过司法审计、鉴定也可能无法区分,只能判令有关股东对公司的全部债务承担连带责任。

还有一些行为,从量变到质变,已经超越了合同违约范畴,从混同发展为赤裸裸的侵权行为。例如,股东无偿使用公司资金或者财产,不作财务记载的;股东用公司的资金偿还股东的债务,或者将公司的资金供关联公司无偿使用,不作财务记载的;公司的财产记载于股东名下,由股东占有、使用的。如果一个公司长期地被股东如此这般地侵权,已经不能称其为公司了,足以认定公司只是徒有其表,内里已经被股东占据,必须要求侵权人对所谓的公司债务承担全部责任。但是,如果庭审证据显示只是偶尔为之,则应当按照普通侵权来处理,查明因果关系后,以损害结果为限对公司债务承担连带责任。

表8中序号(3)的违约行为,在实践中也普遍存在,属于不规范行为,并不必然造成公司损失。在《九民纪要》中,把这类违约行为归纳总结为"公司控制股东对公司过度支配与控制"。需要注意的是,在这里,最高人民法院的法官们使用了一个新概念:"控制股东"。控制股东与控股股东,一字之差,但含义相距甚远。控股股东是中性表达,而控制股东则有很强烈的贬义。从某种意义上讲,如果没有确凿的证据是不能说一个股东对公司有支配与控制,那是不符合公司法理的,因为这个说法基本上是变相地指控该股东违约;更不能说一个股东对公司有过度支配与控制,因为这无异于指控该股东在侵权。

在侵权范畴,对于行为与结果的因果关系证明要求非常高、也非常复杂,泛泛地分析往往没有实际意义,必须具体问题具体分析。债权人如能证明股东直接插手或者接管公司的经营管理有非常明确的非法意图,则有机会请求有关股东对全部债务承担连带责任。例如,母子公司之间或者子公司之间进行利益输送的,往往是采用关联交易,有的时候还是完全合法的关联交易,也有的是形式上完全合法但实质上打"擦边球"的关联交易。有的子公司离开与母公司的关联交易就无法生存,也有的母公司高度依赖与子公司的交易过日子，这可能是错误的集团业务分拆的副作用、恶果，本意并非为了损害债权人利益。又如，从一个公司抽走资金然后再成立经营目的相同或者类似的公司，解散公司不清偿债务、再以原公司的资源另设公司的，抽走资金、解散公司但不清偿债务，本身就是侵权行为，后面再成立类似的公司只不过是如何使用侵权获得的非法财产而已。至于母子公司间进行交易，收益归一方，损失却由另一方承担的，如此赤裸裸的不公平交易，极为罕见，虚假交易当属侵权。"过度支配与控制"比"滥用公司法人独立地位和股东有限责任"更加不留情面地、准确地描述了这类侵权行为的特征。

综上，股东滥用公司法人独立地位和股东有限责任逃避自己债务的情形非常复杂，既有违约行为，也有侵权行为，还可能存在竞合；有关股东究竟是应该以违约行为、侵权行为的后果为限额承担连带责任，还是应概括性地对公司债务承担连带责任，必须严格区分，否则可能造成矫枉过正。

股东滥用公司法人独立地位和股东有限责任，逃避公司债务的情形也可能存在。在此类案件中，最初的债权债务关系发生在公司与公司的债权人之间，股东帮助公司逃债，意图是非法地增加清算剩余财产，从而间接地获利，从形式上看似逃避公司债务，实质上是股东意图获取非法利益。例如，母子公司之间或者子公司之间进行利益输送的，被削弱的是意图逃避自己债务的那家公司，获利的是母公司或者其他子公司，最终的好处归于股东、实际控制人。在此类案件中，最终获益的股东是"导演"，公司是主角，公司会不知情吗？股东帮助自己逃债，自己不知情，股东如何帮助？公司是虚拟的，所谓公司知道股东帮助自己逃债，就是董事、监事、高级管理人员知情，因此，必须追加董事、监事、高级管理人员参加诉讼。股东与全部或者部分董事、监事、高级管理人员双方合谋，一起违反公司法人独立地位规则、股东有限责任规则，共同破坏了公司的独立性，因此，债权人原本同意的"股东有限责任规则"不再被适用，股东变成无限责任人。这是对公司人格的最彻底的否定，是长期的、持续的，那么股东必须对公司的全部债务概括地承担无限责任。公司的董事、监事、高级管理人员是否应承担某种法律责任，有待研究。用合同思维看，在公司人格被彻底否定的案件中，公司的董事、监事、高管的合同也被打破，原本的合同约定毫无意义，他们应当对公司债务承担最大的责任，也就是无限责任。

前述分析的违约、侵权情形比较简单，还可能存在更加复杂的情形，有更多的关联公司作为"工具"参与其中充当"挡箭牌""障眼法"。对于参与其中的多家公司，按照共同侵权的规则厘清各自的侵权行为及后果，不能一概而论地判令它们同时概括地对诉请债务承担连带责任。这时候，让有关的各个公司的董事、监事、高级管理人员一同参加诉讼就非常有意义了。如同共同犯罪一样，为了减轻自身的责任，“嫌疑人”之间的利益冲突可以很好地帮助法官查明案件真相、厘清责任。

很显然，“公司法人独立地位规则”“股东有限责任规则”被违反，持续时间比较长、情节比较严重的，几乎都存在董事、监事违背忠实义务，在某些场合中也存在高管不忠实的情节。在诉讼实践中，原告应当把董事、监事、高级管理人员列为第三人或者法院主动追加他们为第三人参加诉讼，然后根据法庭调查结果重新确定他们的诉讼主体地位，有的人最终可能被列为共同被告，需要为自己是否清白、忠实举证、辩解。董事、监事、高级管理人员是否违约、违约行为与最终的损害结果之间的关系，是否构成共同侵权、违约在侵权行为中发挥的作用，如何根据这些案情要素判决他们承担适当的法律责任，有待进一步研究。

32

“资本显著不足”与忠实义务、商业判断

《九民纪要》12.【资本显著不足】资本显著不足指的是，公司设立后在经营过程中，股东实际投入公司的资本数额与公司经营所隐含的风险相比明显不匹配。股东利用较少资本从事力所不及的经营，表明其没有从事公司经营的诚意，实质是恶意利用公司独立人格和股东有限责任把投资风险转嫁给债权人。由于资本显著不足的判断标准有很大的模糊性，特别是要与公司采取“以小博大”的正常经营方式相区分，因此在适用时要十分谨慎，应当与其他因素结合起来综合判断。

“资本显著不足”没有被写入公司法条文，在早期的公司法教材、理论著述中也非常少见。这是一个全新的概念、规则。观察前述《九民纪要》，不难发现这是一个尚处于探索阶段、不成熟的规则。《九民纪要》告诫法官在适用时要“十分谨慎”，这样的措辞在类似的会议纪要中并不多见。笔者也没有从法院判例库中找到相关案例。《九民纪要》的这段内容，看似易懂实际很费解。以下尝试用合同思维去理解它。

《九民纪要》中提到了股东的“恶意”是“把投资风险转嫁给（公司的）债权人”。用合同思维看投资风险，它无疑是投资合同（《出资合同》）中存在的，投资风险变成现实，最糟糕的结果就是公司经营失败。这里讨论的是股东与公司债务人的关系，显然公司的债务没有被全部清偿。那么此时应该是一个准破产状态。审理时，法院应要求债权人（原告）明确是否同意将案件移送给破产法庭审理。如果债权人同意，这个案件就转入《企业破产法》范畴。《企业破产法》与《公司法》有交集，但是毕竟有自己的一套程序规则、实体法规则。在《企业破产法》中有“债权人会议”，债权人可以在会上充分地解释风险是如何被转嫁的，而他在当时又是如何评估风险、采取风险控制措施的；法官也可以充分地听取其他债权人的陈述，而不是只听某个债权人的一面之词，更加容易查明真相。“资本显著不足”与“资不抵债”相比，显然有更

加明显的无法偿债的表面特征。在法官释明法律以后,如果原告依然坚持不同意公司破产,可以驳回其对股东的起诉。

需要注意的是,当我们在公司经营失败、破产这个范畴内讨论责任问题的时候,不应该遗漏具体负责履行公司合同、负责公司经营管理的董事会。首先“盯住”的对象是经营管理者,其次才是选择经营管理者的股东。如果股东有双重身份,需逐层次分析,避免逻辑混乱。用合同思维看,是《董事会合同》把《出资合同》与《业务合同》连接起来的,股东与公司债权人并无直接关系,是董事会把股东与债权人联系起来的。如果不把董事全部追加到诉讼中来,这个“事实链”就断了,证据链不完整。董事会在经营中是否存在恶意?如果董事会没有恶意,那么股东的恶意即便存在又如何能“得逞”呢?听取董事的陈述,对其举证进行质证,显然有助于排除可能导致经营失败的其他因素,例如,董事会恶意经营、同时损害公司债权人和股东利益的可能性。综上,必须追加董事会成员为第三人参加诉讼,并根据诉讼查证情况适当地安排其诉讼主体地位,不排除他们从第三人转为共同被告的可能性。

《九民纪要》中提到了“股东实际投入公司的资本数额与公司经营所隐含的风险相比明显不匹配”。股东履行《出资合同》义务把钱投到公司,是董事会在筹划如何使用这些钱做生意。做生意有风险,有多少钱做多大的生意,这是一个比较稳健的商业判断。以小博大,是一个大胆的商业判断。作出商业判断的人首先是董事会,董事会把预算案、投资计划等以会议提案的方式提呈给股东们审议,此时已经非常明显股东们是无法直面原始信息的,是间接判断,是对董事会的商业判断作判断。股东们相信董事会会履行忠实义务,在此基础上,如果没有发现存在明显的瑕疵,几乎都是认可董事会的商业判断。股东作出决议后,在实施过程中,还存在变数,还需要调整最初的判断,需要董事会谨慎应对、勤勉操作,动态地把资本与经营风险“匹配”。这其中所需要的与履职有关的勤勉尽责义务与股东毫无关系。如果董事会发现不对劲,还应及时召集会议、向股东们汇报。股东如何能比天天操心公司业务的董事会作出更加明智的商业判断?如果董事会汇报不及时、不全面、不准确、不完整,股东又能如何作出明智判断?如果董事会发现股本不足,要求股东追加投资、股东不同意,也无法从其他渠道获得新的股权投资,那么董事会为什么不辞职呢?如果公司负债严重、可能危及债权人利益,董事会是否警告过股东呢?显然,董事会是涉及“资本显著不足”案件的第一责任人,是不可缺少的诉讼主体,无论是为了查明“恶意”,还是需要对“不匹配”作出判断,都必须追加董事会成员参加诉讼,先查明他们是否有恶意、他们是如何判断的。如果董事的辩解成立,那么股东自然就免责。如果董事的辩解不成立,才会探寻股东的主观思想与董事的恶意、不该有的商业判断之间的联系。

需要注意的是,《九民纪要》提到的“不匹配”判断是法官判断。法官不是商人,无论法官如何努力地设身处地代位思考,法官判断也达不到商业判断的水准。在庭审时,法官必须听取双方的商业判断,然后比较分析其证词的真实性、合理性,再对哪一方的说法更加可信作出判断。原告,如果是一个合格的债权人,与公司进行合同交易时理应“买家小心(业务合同风险)”。如果交易对手(公司)的资本显著不足,原告依然与这样的公司做生意,那么就必须合理解释当时是如何判断的。难道无法察觉风险?无法通过先付款后交易规避风险?还是通过提高价格等方法把风险转化到交易价格加以消化?原告必须讲清楚自己是如何作判断的,然后被告答辩,法官再作判断。如果原告自甘风险,那么就等于自认不存在“显著不足”,法院为什么要另外作判断呢?如果原告认为当时无法察觉风险或者风险不显著,在起诉时又主张说显著,这明显是不诚信的证词,自然应该驳回其诉讼请求。

涉及“资本显著不足”的案件,需要探究的不仅是股东的主观思想,还必须分析董事、高管以及公司债权人的商业判断,在这个基础上尝试发现是否存在不尽责、过失、故意、恶意,而这些“思想问题”几乎都与董事是否违背忠实义务高度关联。运用“资本显著不足规则”保护债权人未必是最佳路径,更适合的是在破产法范畴内处理此类纠纷;用合同思维去裁判勉为其难,更适合的是用侵权思维、刑事犯罪思维处理。

33

关联交易中存在两个合同之间的冲突

《公司法》(2023 年修订)第 22 条第 1 款规定:“公司的控股股东、实际控制人、董事、监事、高级管理人员不得利用关联关系损害公司利益。”第 265 条第 4 项规定:“关联关系,是指公司控股股东、实际控制人、董事、监事、高级管理人员与其直接或者间接控制的企业之间的关系,以及可能导致公司利益转移的其他关系……”《企业会计准则第 36 号——关联方披露》(财会〔2006〕3 号)第 7 条规定:“关联方交易,是指关联方之间转移资源、劳务或义务的行为,而不论是否收取价款。”

显然,正确识别关联方是监督关联交易的基本前提。用合同思维看,确定关联人的主要方法就是看某个主题是不是公司合同组合的当事人。公司合同组合中的每个重要合同的对方主体都可能是关联方;这个重要合同把这个主体与公司“关联”起来,形成一个需要被特别关注的特殊关系,被用来认定关联人。公司的控股股东、董事、监事、高管是关联方。这些关联人各自还有自己的关联人,例如,控股股东直接或者间接控制的企业等。为了避免遗漏或者被钻空子,立法者设计了“视同关联人规则”。董事、监事、高管的近亲属,董事、监事、高管或其近亲属直接或者间接控制的企业,以及与董事、监事、高管有其他关联关系的关联人、实际控制人,虽然与公司没有直接合同关系,也被认定为关联人。

与控股股东不同,少数股东对公司的影响力小,一般无法利用与公司的《出资合同》向自己输送利益、损害公司利益。因此,公司法原则上不把全体股东纳入监督范围,而是限于控股股东。需要注意的是,在没有绝对控股的大股东、持股分散的公司,即使是第一大股东往往也需要部分少数股东的合作才能对公司有足够的影响力,此时少数股东可以借机通过关联交易让自己收益,大股东为了拉拢、回报对此视而不见,甚至协助、配合,在股东会上作为“其他股东”投出赞成票。因此,如果关联人的界定只是单纯地以对公司的控制、控股为标准,有可能遗漏需要监督的对象和交易，让监督规则无法发挥作用。《出资合同》是公司合同组合的基础，是确定关联人的重要依据，理论上签订《出资合同》的每一个股东都是关联人。在确定关联人时，应以该主体是否与公司存在《出资合同》关系为标准，通过公司章程规定将全体股东都纳入监督范围。然后再结合交易金额大小、输送利益的可能性等重要性分析方法，对某些关联交易予以豁免或由管理层决定或由董事会决定或者重大的提交股东会监督。《公司法》（2023 年修订）第 15 条规定，公司为公司股东提供担保必须经股东会决议。该法条没有在股东之前添加任何定语，不区分是控股股东、大股东还是少数股东，也即认为在担保范畴任何一个一对一《出资合同》的对方、股东都是关联人。针对这个关联担保交易的监督规则是必须将交易提交股东会审议，批准后方可进行。

当某个关联方与公司发生交易，在原本存在的合同之外又出现了一个新合同，这个新合同可能是公司与关联人的业务合同，也可能是新签订的公司合同组合中的某个合同或者补充协议。根据第一个合同确定的关联人的重要性或者风险大小，再结合新合同涉及的利益大小，确定适合采取哪些程序性或实质性的监督手段，也即一个关联交易，涉及两个合同关系，需要一个交易监督规则。诸多关联交易监督规则合并同类项就形成了一套关联交易监督制度。

需要注意的是，公司合同组合特殊、比较复杂，存在互动、互相影响的关系，需要全面地观察关联交易对整个公司合同的影响。例如，控股股东与公司进行关联交易，不仅涉及它与公司签订一对一的《出资合同》，还涉及《股东之间的合同》，大部分利益冲突、矛盾是在控股股东与其他股东之间，部分场合可能体现为控股股东与董事会之间的矛盾，还涉及《董事会合同》。董事会、股东会审议的公司与关联股东的交易，看似股东集体监督公司、董事会，实际上是其他股东依据《股东之间的合同》监督控股股东。控股股东利用关联交易损害公司利益，对其他股东而言，可以是违约行为，也可以是侵权行为，存在竞合。

监督涉及股东的关联交易，除了股东之间的彼此监督外，董事会也需要尽忠职守、发挥制衡作用，并不是简单地提交股东会审议就行了，而是应该在前置的程序中设计具体的监督规则，规定这类特殊的交易应该如何被提交给董事会审议、应该如何表决，在提交给股东会的议案中如何全面完整地解释为股东担保的必要性、风险控制手段等。

监督涉及董事的关联交易，需要把监督环节前置到交易发起、协商、决策前的准备阶段,实施全流程程序合规监督。在关联交易被提交董事会审议时,交易合同的谈判等基本上都已经完成;如果涉及定价公允问题,往往也已经履行了询价手续或者已经聘请评估机构完成了评估。也就是说,比较核心的实质的工作都完成了。此前的流程中是否有关联人没回避,或者具体负责了某个环节或对某些工作施加了影响的话,会议审议的文件看似规范但实质上可能已经是“被污染了”,董事们可能并不会察觉,导致监督机制失灵。

需要重视高管在关联交易中的角色。有些关联交易是可有可无的。例如,公司没有自己产权的办公场所,需要租办公室。租谁的房子不行呢?恰好股东有办公楼招租,就租赁股东的房产,按照市场行情定价。这里隐含的前提是公司的经营活动并不在乎办公场所的位置、档次等要素。显然这不符合商业逻辑,内中自有玄机。动态变化中,可有可无的关联交易可能演化为不必要的关联交易。例如,公司开始挣钱,现金流情况良好,有余钱足以购置办公室,但是还长期租赁股东的房产,就有些令人疑惑了。不必要还非要交易,一定有名堂,问题可能不限于价格不公允,还可能暗藏其他玄机。董事会未必会关注到这些细节,但是高管有义务关注。董事会在决议时,应当要求有关高管对关联交易的必要性作出专项说明。

无论是董事会还是股东会审议关联交易,监督规则的主要部分是相同的。以2011年《上海证券交易所上市公司关联交易实施指引》(已失效)为例,该指引第2条规定:“上市公司关联交易应当定价公允、决策程序合规、信息披露规范。”“定价公允”是实质性规则,“决策程序合规、信息披露规范”属于程序规则。

对于重大关联交易的定价公允问题,上市公司需要聘请审计、评估服务机构对交易标的估值,作为定价合理性的参考依据,聘请独立财务顾问发表意见。然而对于其他不构成重大交易的关联交易,如何作出正确的商业判断,分析定价公允,是一个难题。综观公司法会发现,关联交易监督规则主要是通过程序合规来实施监督。

例如,上市公司独立董事被聘任前,必须全面披露其任职、兼职、亲属关系等信息。有些重要关联人的信息还需要公示、公告。例如,《公司法》(2023年修订)第140条第1款规定,上市公司应当依法披露股东、实际控制人的信息,相关信息应当真实、准确、完整。信息披露还包括在具体的交易可能发生时,关联人自己应主动识别是否有关联,主动报告关联关系,不得以任何方式隐瞒关联关系。《公司法》(2023年修订)第182条第1款规定:董事、监事、高级管理人员,直接或者间接与本公司订立合同或者进行交易,应当就与订立合同或者进行交易有关的事项向董事会或者股东会报告，并按照公司章程的规定经董事会或者股东会决议通过。《公司法》（2023年修订）第139条规定，上市公司董事与董事会会议决议事项所涉及的企业或者个人有关联关系的，该董事应当及时向董事会书面报告。除了法律规定，各个公司还有更加详细的关联交易监督制度。以下是某深圳证券交易所上市公司关联交易决策制度的有关条款，可供借鉴："对于公司已有的或计划中的关联交易事项，任何与关联方有利害关系的董事、监事及高级管理人员，均应当尽快向董事会报告其利害关系的性质和程度，而不论在一般情况下，该关联交易事项是否需要董事会的批准同意"。

严把关联交易决策程序合规关，主要体现在根据交易的重要性，划分权限、分级控制。一般的关联交易，董事会负责管制；重要的关联交易，董事会负责第一次管制，股东会负责最后的监督。例如，董事、监事、高管，直接或者间接与本公司订立合同或者进行交易，应当按照公司章程的规定经董事会或者股东会决议。自决策时必须遵守"回避规则"，包括：董事会决议时，关联董事不得参与表决，其表决权不计入表决权总数；该董事会会议由过半数的无关联关系的董事出席即可举行，董事会会议所作决议须经无关联关系的董事过半数通过；出席董事会的无关联关系的董事人数不足3人的，应将该事项提交股东会审议。在股东会会议阶段，关联股东不得参加表决；该项表决由出席会议的其他股东所持表决权的过半数通过。

会议一般有两个环节，议事环节和表决环节。需要注意的是，决策程序合规，除了必须关注表决环节的合规，还应当重视议事环节的合规。议事环节中的发言会互相产生影响。某上市公司的"关联交易决策管理制度"中明确允许关联人参加会议，例如：董事会审议关联交易事项时，有利害关系的董事可以出席董事会会议，就该关联交易的公允性及是否对公司有利发表意见，并就其他董事的质询作出说明；股东大会审议关联交易事项时，与该交易事项有关联关系的股东（包括股东代理人）可以出席股东大会，依照大会程序向到会股东阐明其观点，并就其他股东的质询作出说明。笔者认为这样做有缺陷，关联人的回避不彻底，应在具体公司制度中明确规定关联人不得表决而且不得参加有关会议的议事环节。

《独立董事合同》《监事合同》中应当补充完善与关联交易有关的内容。以下是某深圳证券交易所上市公司关联交易决策制度的有关条款，可供借鉴："监事会、独立董事对关联交易事项进行检查时，关联方应当对关联交易的内容、数量、金额等情况作出详细说明，并提供必要的文件资料。"

《公司法》、《证券法》、证券交易所的监管规则为关联交易监督规则提供了指引，但是不可能无微不至，最终还需要公司制定自己的监督规则。负责起草监督规则的人，本身几乎都是监督对象，监督规则不严密也是人之常情。如何强化关联交易监督力度，就是一个课题。首先应当从制度起草者环节强化。例如，如果公司设置监事会，应该由监事会聘请专业人员制定公司的关联交易监督规则；如果公司有独立董事，这个任务也可以交给独立董事专责或者与监事会共同负责。

34

公司合同中的“合同履行抗辩权”

如本书之前所分析，股东负有的最为重要的一个（合同）义务是按照章程（合同）约定缴付出资款。如果股东履行了出资义务，就可以享有在股东会议上表决的权利，公司相应地负有接受其投票的义务。但是，如果股东不履行出资义务，违约股东是否能享有并行使表决权等合同权利？对这个问题，在公司法无法找到具体规定、直接答案。

既然公司与股东之间是合同关系，那么公司根据《民法典》合同编理应享有“合同履行抗辩权”，特别是《民法典》第526条规定的“先履行抗辩权”：“当事人互负债务，有先后履行顺序，应当先履行债务一方未履行的，后履行一方有权拒绝其履行请求。先履行一方履行债务不符合约定的，后履行一方有权拒绝其相应的履行请求。”

“先履行抗辩权”是合同法中的一个概念，在公司法的论著中很少被提及。用合同思维分析，很容易就可以在“公司合同”中看到这个合同规则的体现。例如，我国香港特别行政区《公开股份公司章程细则范本》规定，“拖欠公司款项的成员无权表决。除非所有已到期须由某成员就本公司的股份缴付的催缴股款或其他款项，均已获该成员缴付，否则该成员无权在任何成员大会上表决”。如本书之前分析所述，股东另外一个重要的义务是不侵犯公司的财产权利。股东拖欠公司款项，已然构成违约。现实中，能够拖欠公司款项的，很多都是控股股东，控股股东或能利用关联关系不让公司去追索欠款，如果他们被剥夺了表决权，公司能主动追偿或追偿成功的可能性就大大提高了。当股东不履行出资义务，公司作为后履行的一方有权拒绝其投票，与股东拖欠公司款项同属一个道理。

2023年我国修改公司法的一个主要举措就是强化股东出资责任。未来进一步完善公司法时，我国香港特别行政区《公开股份公司章程细则范本》的相关规定可供借鉴。在立法完善前，也可以利用“公司章程自由”，秉承合同思维，在自己的公司章程中设计有关条款,在公司诉讼中尝试运用“先履行抗辩权”维护公司的合法权益。

股东行使“不安抗辩权”解除公司合同,其表现形式是公司主动向法院申请破产清算。根据破产法,债务人(公司本身)可以依法向法院提出重整、和解或者破产清算申请;根据公司法,公司向法院提出前述请求前必须经过股东“三分之二多数决”同意。用合同思维看,破产清算与自行清算的结果是一样的——宣告公司合同组合被彻底地终止。形式上是公司申请破产,实质上存在以下两个可能性。

(1)第一个可能性是董事会向股东提议申请破产,得到了股东会的同意。某种意义上可以认为,双方协商一致同意解除公司合同组合;根据与债权人的默示合同约定,股东、公司均保证须公平地对待全体债权人,不能单独地清偿某个债务,因此,必须提交主持公正的法院来指定破产管理人负责执行公司合同的清理条款,进行破产清算并公平地把剩余财产分配给债权人。

(2)第二个可能性是股东向董事会提议、要求董事会代表公司申请破产。如果董事会同意,则同样意味着双方协商一致同意解除公司合同组合;如果董事会不同意,必须拿出解决债务危机的方案或者辞职。此时,股东的行为与合同履行中的“不安抗辩权”近乎相同。

35

公司合同中的共有人

在投资协议中，经常能看到下面这样的合同约定：

投资协议（出资合同）

甲方：张某、李某

乙方：某公司

一、甲方向乙方投资，合计出资100万元，其中：

甲方中的张某出资额为50万元

甲方中的李某出资额为50万元。

二、甲方中的任何一方都可以代表甲方履行本合同。

（其他内容略）

签署

甲方：张某（签字）、李某（签字）

乙方：某公司

（注：除第一条外，本合同的其他条款中不再用"甲方中的张某""甲方中的李某"来区分）

很明显，这个投资行为是两个人共同投资，不愿意分别一对一地与公司签署两个《投资协议》（《出资合同》），而是作为一方当事人出现在同一份《投资协议》上。即使合同没有约定两人的关系如何，通常也会认为两人是共同投资人，向两人中的任何一人发出履约通知视为另外一人也收到通知；如果要变更合同或者解除合同，必须两人都同意才能成立。如果甲方中的张某要求继续履行合同，甲方中的李某要求解除合同，则乙方（某公司）会按照继续履行合同处理，视为甲方没有发出合格的通知。

共同投资的两个人之间的关系还可以更加紧密，例如，在投资合同中明确约定他们是共有人。但是,因为《公司法》没有关于股权共有的规定,登记机关制定的规章也没有操作规则,如果在章程中约定共有,不被登记机关接受、无法登记。于是就出现两种选择。选项一:《出资合同》约定两个人共同共有,但是章程中各自登记股东出资信息,也就是公司作为合同相对方不承认两人的共有关系。选项二:《出资合同》约定两个人共同共有,章程中各自登记股东出资信息,但是在股东名册上、出资证明书上特别记载、备注是两个人共同共有。等同于作为合同相对方的公司承认两人的共有关系,但查看公司登记事项却看不到共有的信息,因为登记机关不承认共有关系。

还有比较特殊但也普遍存在的情形,也就是前面所说的张某、李某是夫妻(夫妻股东)。按照《民法典》,夫妻财产权采用约定制,也即如果约定在该公司的投资是夫妻财产共有,那么不论谁名下的股权都是夫妻共有;如果约定股权是夫妻各自拥有,那么就按照合同上写的各自拥有,合同另有约定的除外。也就是在夫妻分别财产制时也可以通过商事合同约定财产共有。对于公司、其他股东而言,任何性质、任何形式的明示的共有权,都是有意义的。如果是夫妻股东,明示的共有权约定就更有意义。夫妻内部对于财产权的约定,属于隐私;但是在商事领域中的财产权共有的约定,则不属于隐私。而且夫妻股东可以用商事合同处理共有权,而不是等待离婚被法院批准后在离婚财产处置环节处理共有权。

在现有法律对股东共有权利规定不明确的情况下,可以考虑采用合伙的方式解决共有问题。例如,夫妻两人成立一个合伙企业,依据合伙企业法两人对合伙企业的财产是共有关系,合伙企业可以自己名义对外投资(设立“一人公司”除外)。虽然如此操作会产生注册一个合伙企业、维持该合伙企业注册地位的成本,但是成本较低,可以有效地解决共有问题。

政府应该如何看待公司合同中的共有权,是限制,还是允许自由约定并在登记环节予以登记?如果没必要限制,那么是否应该修改法律,为共有合同提供一些标准化的合同规则?有待进一步研究。以我国香港特别行政区的《私人股份有限公司章程细则范本》为例,该范本提供了一个“股份联名持有人规则”,允许以联名持有的方式形成共有权,并且对联名持有时如何表决作出规定,“只有由有作出表决而排名最先的持有人作出的表决(及任何由该持有人妥为授权的代表作出的表决),方可获计算在内”;“股份持有人排名的先后,取决于有关联名持有人在成员登记册上的排名次序”。

36

出资合同碰到劳动合同产生股权激励的特殊性

严格地讲,普通员工的《劳动合同》并不包含在公司合同组合之中,不负有特殊合同义务、享有劳动自由权的普通员工是否自愿与公司“捆绑在一起”是普通员工的“特权”而非义务。在某些特殊场合,《劳动合同》会与公司合同发生交集,这个特殊场合就是员工持股、员工股权激励。员工持股、员工股权激励的本质都不是投资行为,而是《劳动合同》薪酬规则中的“奖金规则”。

以公司上市后的员工持股计划为例。员工持股计划是公司统一“安排”的,这个安排不具有标准的商事合同缔约的磋商过程。因为保密的原因,在合同磋商过程的后期,也就是大局已定时,大部分员工才部分知情或者知道详情。公司按照一个自己认为公平的标准设计了不同级别、不同岗位的员工的《出资合同(员工持股)》,类似格式合同,然后向有资格的员工发出要约,员工要么接受,要么拒绝,没有议价过程。据笔者所知,大部分员工都会接受要约,但并非其真实意思表示。《出资合同(员工持股)》约定员工必须真金白银地出资。参加计划的员工必须按照董事会秘书发出的通知缴付股款,然后公司与参加计划的员工继续履行《劳动合同》《出资合同(员工持股)》,在持股计划规定的考核目标达成时,员工有权按照合同约定卖出股票。如果考核不达标,可能会约定延长考核期间,实在不行就只好解除《出资合同(员工持股)》,上市公司退钱、回购有关股份。

《出资合同(员工持股)》的考核风险是员工无法防范的。即便个人很努力、做得很好,但是如果部门考核不合格或者公司整体考核不达标都无法获得股票。这样实质上把若干个独立的个体劳动合同硬性地捆绑为一个“集体劳动合同束”。

《出资合同(员工持股)》的收益也是员工无法施加影响的,即使是计划圆满履行,但是如果整个证券市场行情不好连累公司股价,员工通过计划得到的股票是账面亏损。员工要么卖出、亏钱,心情大坏,要么持有、成为股东,心情也好不到哪里去。奖金没有，还亏了基本工资形成的财产，毫无疑问这很可能是一个负激励。

这样的员工持股计划，本质上是董事会策划和发起的，希望向证券市场发出积极的信号，期待看好公司未来的那些股东继续持有股份，期待看好公司未来的投资者积极买入股份，股价上涨从而产生超过员工买入股票价格的溢价，以这个方式为持股的员工支付对价。这个董事会撮合的投资合同是非标准的投资合同。作为投资人的员工愿意承担投资中自己可以预见的风险（经营风险），但是不愿意承担证券市场变动的风险。董事会的一厢情愿根本无法抵御证券市场的风险，尤其是当员工持股计划的合同周期长达 3 年时。于是在现实中就会发现相当多的上市公司的员工持股计划以失败告终。

《出资合同》是商事合同，属于《民法典》规制的范畴；合同双方是平等关系。《劳动合同》不属于《民法典》管辖，在劳动合同中双方的地位实际上是不平等的。从合同设计角度看，让两个性质、“风格”如此迥异的合同“合作”、共赢，实在是一个难题。或许员工持股计划失败的根源早早就在隐含在制度模式之中，那么失败就是必然的，个别的成功只是偶然的运气好而已。

37

特许经营项目公司不需要《董事会合同》

根据《商业特许经营管理条例》第3条的规定，特许经营是指特许人将其拥有的注册商标、企业标志、专利、专有技术等经营资源许可他人使用，被特许人按照合同约定、在统一的经营模式下开展经营。日常我们称之为商业加盟连锁。被特许人开始经营也需要按照法律规定办理市场主体登记、税务登记。由于特许费的收取通常与被特许人的营业收入或者净利润挂钩，且特许人有权检查被特许人的营业记录，所以，被特许人通常会成立一个项目企业，这个项目企业可以是个人独资企业、一人有限公司，也可以是有限合伙企业，实践中常见的是有限公司。为了方便讨论称之为“特许经营项目公司”。

特许经营项目公司的经营管理非常特殊。从一开始，股东对经营就几乎没有发言权，从选址、装修、招聘员工、进货等各个经营环节都必须严格按照《特许经营合同》执行，特许人会委派人员提供各种“指导”。经营进入正轨以后，在宣传、定价等方面也必须继续遵从特许人根据《特许经营合同》提供的指令。因此，此类公司几乎不需要董事会，股东只需要找一个信任的人担任财务负责人、管好账和钱就足矣。用合同思维看，公司合同组合中的基础合同——《出资合同》存在，但是另外一个重要合同——《董事会合同》被《特许经营合同》所替代。原本由董事会负责集中统一管理的经营被特许人集中统一负责。对于外部人，很难分辨出连锁店中的哪个店是“加盟”连锁，哪个店是“自营”连锁。

特许经营项目公司与一人公司高度类似，它们都偏离了标准公司模式很远，这也就意味着它们可以很容易转化为其他商业组织形式或者被其他商业组织所替代。目前之所以还没有被替代，与传统的路径依赖、税法的限制或不鼓励有莫大的关系。如果没有税收上的不利因素，那么采用有限合伙作为特许经营项目企业更加符合特许经营交易的实质。在有限合伙企业中,特许人是管理合伙人,负责按照《特许经营合同》对合伙企业进行管理;被特许人,是有限合伙人,不负责管理,只负责按照《特许经营合同》出资,享有合伙盈利带来的收益。

38

用合同思维看资产负债表中的“股东权益”“资本”

根据《企业会计准则第30号——财务报表列报》第29条的规定，资产负债表的左侧是资产类科目总计，右侧是负债类和所有者权益类总计；在公司范畴，所有者权益被称为“股东权益”。左右两端的总金额总是相等的，也就是左右平衡，通说的计算公式为：“资产总额 = 负债总额 + 股东权益总额”或者“股东权益总额 = 资产总额 - 负债总额”。

在《公司法》(2018年修正)、《公司法》(2023年修订)中没有定义资产、负债、股东权益。以下是2006年《企业会计准则——基本准则》(已失效)的定义。

资产是指企业过去的交易或者事项形成的、由企业拥有或者控制的、预期会给企业带来经济利益的资源(第20条第1款)。

负债是指企业过去的交易或者事项形成的、预期会导致经济利益流出企业的现时义务(第23条第1款)。

股东权益项目包括：(1)股东投入的资本，也即实收资本(或股本)；(2)留存收益，也即资本公积、盈余公积、未分配利润；(3)与股东投入资本或者向股东分配利润无关的、直接计入股东权益的(资本)利得、(资本)损失。

会计语言完整、全面、真实地反映了公司的业务活动、资本运作、筹集资本的活动等各种活动。公司设立时，股东履行《出资合同》、把钱投到公司，资产负债表左侧的资产总额增加，同时，报表右侧股东权益类中的实收资本金额也等额增加。用合同思维看，公司在收到出资的同时负有了在未来返还清算剩余财产的义务(债)，因此，实收资本的本质是“债”，在报表中实收资本所归属的大类股东权益的本质全部都是“债”。

在(母公司)合并(附属公司)资产负债表中，按规定必须增加一个“少数股东权益”在股东权益类单独列示。在最终计算归属母公司股东权益金额时，必须把单独列示的“少数股东权益”减去。足以见得，少数股东权益对于少数股东可以算是权益，但是对于合并报表的大股东而言就是“债”，把整个资产“合”进来但不剔除所负有的“债”，肯定是不合理的。这个例子可以辅助说明权益在公司范畴并非总是代表“权”“益”而不表示“债”，不能单纯从字面上去理解其含义。

股东权益的本质是与股东、与《出资合同》有关的债，与普通负债同属于债这个大范畴，故此能和谐地同处于资产负债表的“负债”一侧，资产负债表右侧项目的性质其实都是“负债”，整个资产负债表体现的是：“资产 = 负债”。用《出资合同》划分，可以把负债分为两类，如表 9 所示：

表 9　以出资合同作为负债划分依据的记账示例

资产	负债
存款等流动资产（略）	非因《出资合同》产生的债
房产等固定资产（略）	因《出资合同》产生的债（实收资本 + 资本公积、盈余公积、未分配利润 + 资本利得 + 资本损失）
总额（与右侧相同）	总额（与左侧相同）

借助表 9 可以发现，资产负债表的设计师用“股东权益”体现公司对股东的债，从而区别于公司在日常经营活动中产生的债及债权人。可以把资产负债表计算公式调整为：“资产 = 负债 = 非因《出资合同》产生的债 + 因《出资合同》产生的债”。为了更清楚地理解，完全可以把股东称为“特殊债权人”或者“股东债权人”，其债权依据是《出资合同》。

在合同法中，正确的思维方式是认为义务优先于权利。在资产负债表中，重视债是合理的思维方式，两种思维方式吻合。用合同思维看，资产负债表负债端体现的是合同义务，资产端体现的就是因合同相对人履行义务让公司获得的资产（财产所有权）。资产负债表的左右平衡，实际上表达的理念是义务和权利必须对等。为了记账清楚，把对股东的债与日常经营产生的普通的债区别开来，将对股东的债记载为“所有者权益”，其实是从股东的角度来描述的，与以公司为本位来建立的整个资产负债表在逻辑上并不一致，容易干扰思维，认识不到“股东权益”其实就是换个说法的“公司因出资合同产生的对股东的负债”。

会计语言描述的事实应该与合同内容吻合，能通过报表记载的变化如实地反映合同履行情况。《出资合同》义务内容不同，影响的是资产负债表的“负债”端，也就是右侧的“与《出资合同》有关的债（所有者权益）”，按照“左右平衡”的原理在左侧也理应体现出财产权内容的变化。

股东履行出资义务，公司已经收到的出资，形成实实在在的“公司的资本”，被称为“实收资本”。实收资本体现的是已经履行的股东出资义务，体现了公司对股东负有的清算剩余财产返还义务。公司期待未来可以从股东处收到的出资，股东答应给但还没有支付的出资，也应该有一个概念来描述这部分资本，笔者称之为“应收资本”。“应收资本”体现的是根据《出资合同》股东对公司的一个负债、一个尚待履行的出资义务。因此，在资产负债表的右端记载“应收资本”的同时，还需要额外地报表的左端记录一笔“其他应收款”。

表10是一个有限责任公司范畴《出资合同》存在认缴但未实缴股款时的记账例示。左侧科目与右侧相同序号科目存在报表平衡上的互动关系，也与合同出资义务的履行或者未履行状态有对应关系，体现了一致性。

表10 认缴出资但未实缴时的记账示例

<table>
<tr><th>资产</th><th colspan="2">负债</th></tr>
<tr><td>房产等固定资产</td><td colspan="2">非因《出资合同》产生的债</td></tr>
<tr><td>存款等流动资产（1）</td><td rowspan="2">因《出资合同》产生的债（所有者权益、资本）</td><td>据《出资合同》已经收到的股款（实收资本）（1）</td></tr>
<tr><td>据《出资合同》应收股东的钱（其他应收款）（2）</td><td>据《出资合同》预计在未来会收到的股款（应收资本）（2）</td></tr>
<tr><td>总额（与右侧相同）</td><td colspan="2">总额（与左侧相同）</td></tr>
</table>

如果股东履行了出资义务、实缴全部认缴的出资，那么前表中“据《出资合同》应收股东的钱（其他应收款）”的记账金额变成零，与它对应的“存款”那个科目的金额相应地增加，一个增加一个减少，资产负债表左侧的总金额不变化。同时，表10中“据《出资合同》预计在未来会收到的股款（应收资本）”的记账金额也变成了零，而同一侧对应科目“据《出资合同》已经收到的股款（实收资本）”等额相应增加，一进一出、资产负债表右侧的总金额也没有发生变化。这样的资产负债表变动就清楚地体现了公司签订的《股东出资合同》的合同权利和义务的实际情况、变动情况。

在股份有限公司范畴，法律规定《股东出资合同》必须是及时清结、不能拖欠，因此不应该存在认缴但未实缴股款，也就是说，股份有限公司资产负债表的“据《出资合同》预计在未来会收到的股款（应收资本）”这个科目的记账金额始终应该是零，否则就属于管理异常（如股东抽走出资），或者财务记账错误（为了掩盖、只在资产负债表的左侧变动对应科目金额）。

股东经过股东会同意正常地签订借款合同、从公司借走钱，只影响资产负债表左侧的科目记载。如果偷偷摸摸地从公司借走钱，存款的减少缺少合法记账凭证，那么正常地用会计语言描述，也应该影响资产负债表右侧科目记载。表11(a)、表11(b)是两种不同性质的行为的记账例示：

表11(a)　股东凭合法借款合同从公司借走钱

资产		负债	
科目	变动情况	科目	变动情况
存款	减少	非因《出资合同》产生的债	无
应收（股东）账款	增加	因《出资合同》产生的债（所有者权益）	无
总额（与右侧相同）	不变	总额（与左侧相同）	不变

表11(b)　股东违约从公司抽走资金

<table>
<tr><th colspan="2">资产</th><th colspan="3">负债</th></tr>
<tr><th>科目</th><th>变动情况</th><th colspan="2">科目</th><th>变动情况</th></tr>
<tr><td rowspan="2">存款</td><td rowspan="2">减少</td><td colspan="2">与《出资合同》无关的债</td><td>无关</td></tr>
<tr><td rowspan="3">与《出资合同》有关的债（所有者权益）</td><td>据《出资合同》收到的股款（实收资本）</td><td>减少</td></tr>
<tr><td rowspan="2">应收（股东）账款</td><td rowspan="2">增加</td><td>据《出资合同》还没收到的股款（应收资本）</td><td>不变</td></tr>
<tr><td>违反《出资合同》形成的应收款（应收资本）</td><td>增加</td></tr>
<tr><td>总额（与右侧相同）</td><td>不变</td><td colspan="2">总额（与左侧相同）</td><td>不变</td></tr>
</table>

如果法律规定的记账规则明确，那么公司财务负责人胡乱记账，就可以认为是过失或者故意，违背了诚信义务和忠实义务，理应承担法律责任。如果记载正确，债权人也很容易发现“与出资合同有关的债（所有者权益）”存在的异常情形，有助于

保护债权人。

《董事会合同》的履行结果与公司的经营活动直接相关(筹集资本活动除外),在资产负债表中体现为未分配利润或亏损,以及由利益衍生出来的盈余公积。履行《董事会合同》的结果,如果与筹资活动有关,在资产负债表中体现为实收资本、应收资本或资本公积。亏损、盈余公积都是经营活动的结果,同处于一个范畴,因此盈余公积可以被用于弥补亏损。资本公积不是经营活动而是筹资活动的结果,与亏损不属于同一个范畴,因此资本公积不能被用来弥补亏损。无论是盈余公积还是资本公积,都是董事经营管理公司,也即《董事会合同》履行的结果,它们所体现的都是公司能够返还给股东的清算剩余财产的多少,因此,都处于资产负债表右侧的同一个大科目——“与出资合同有关的债(股东权益)”之中。

39

减少资本与变更出资合同

“资本”这个抽象概念总和了股东、公司、普通债权人三方在《出资合同》中的义务和权利。

股东最明显、最基本的义务是出资义务，这个义务是股东按照其签署的《出资合同》所负有的合同义务，对应的是公司最主要的合同义务，即向股东返还清算剩余财产。普通债权人在表面上、合同形式上不是《出资合同》的当事人，但是如果把公司法当作国家制定并提供给商业社会的定型化合同，那么普通债权人从始至终都是《出资合同》的当事人之一，也即股东、公司对普通债权人负有一个默示的合同义务：股东必须劣后于普通债权人收取清算剩余财产，公司必须先向普通债权人做支付以后才可以向股东返还清算剩余财产。正是因为获得了这个承诺，享有了“优先权”，得到了财产担保，普通债权人才认可“出资人无限责任规则”被“股东有限责任规则”所替代，公司才得以被拟制、被承认为独立法人。

某种程度上可以认为，资本这个概念被发明出来就是为了保护公司债权人利益。

资本是公司这个伟大发明的基石概念。很多公司合同规则都是建立在这个基石概念之上的，如“资本维持原则”。用合同思维看“资本维持原则”，它的含义是：必须按照对第三人（公司的普通债权人）有利的原则维持《出资合同》不变；《出资合同》可以被股东、公司变更，但是必须以不损害公司债权人利益为前提条件；如果变更《出资合同》不损害公司债权人利益，则变更合同无须得到公司债权人的同意。

股东、公司变更《出资合同》，包括3种情形，分别是：（1）减少、减轻或者免除股东的出资义务；（2）公司提前履行合同义务，以分配利润的方式提前向股东返还部分清算剩余财产；（3）以减少资本的方式提前向股东返还部分清算剩余财产。

但是只能等到真正清算时才能有最终的结果，这里所说的清算剩余财产，只是一个大概的、模拟的清算结果。合同有效期内分配给股东的利润,也是按照会计法、会计规则大概算出来的一个结果。以近期债务“爆雷”的部分房地产公司为例,如果模拟计算,把这些公司在资产负债率超过50%以后的那段经营周期压缩为一个会计年度的话,把这段时间累积分配给股东的利润视为预先支付的清算剩余财产,最后再模拟公司清算,那么或许能看到结果是一些公司的清算剩余财产远低于预先支付的金额(利润),也即实际上合法地利用了法律规则、不正当地向股东提前支付;如果模拟清算的结果是普通债务无法被全部偿还,那么这些公司的利润分配行为实质上损害了普通债权人的利益,是不正当的,但可能是合法的。

虽然返还清算剩余财产是公司的义务,但是,在没有清算前,股东一般不能请求减少资本。减少资本的要约,通常只能由公司发出,具体表现为董事会向股东提交减少资本的议案。如果每个股东公平地获得返还,例如,与实际出资比例相等地获得返还,那么股东会审议这个减资议案,就是以开会的方式形成一个集体意志,以决议的方式通知公司(董事会)是否同意要约或者拒绝要约。公司、股东就减少资本、修改《出资合同》达成合意以后,还需要得到第三方也就是普通债权人的同意。为了保护普通债权人,公司法把这个程序规则以强制性法律规范的方式纳入了公司法之中,规定公司减少(注册)资本必须通知自己知道的债权人,为了防止可能有遗漏或者保证不出现遗漏,公司还必须在报纸上以公告的方式通知潜在的普通债权人。

在减少资本方面,我们较多地关注如何保护债权人,由于缺少合同意识,所以常常容易忽略了这是一个合同变更行为,轻视了合同当事人拒绝合同变更的权利。

以“陈某某诉江阴联通实业有限公司公司决议效力纠纷案”为例。[1] 在本案中,减少的注册资本对应的只是大股东持有的那部分出资,而且是超过出资额“溢价回收”,与小股东陈某某(原告)没关系,陈某某向法院提起了与减少资本有关的股东会决议无效之诉,获得法院支持。法院认为,在这个案情、场景中,仅有2/3多数决是不行的,必须经过全体股东同意。用组织主体思维看这个案件,想到的是“资本多数决”规则,是为了实现公司经营的效率,使众多股东之间的意志通过开会、表决这个程序统一起来,但若想通过这种程序来实现股东实质公平却是不可能的,严格地绝对遵守资本多数决的投票规则可能产生侵害中小股东合理权益的非正义结果;“仅仅通过特别决议要求来调整股东间的利益冲突,实在失之粗疏”;法院通过“法

---

〔1〕 参见江苏省无锡市中级人民法院民事判决书,(2017)苏02民终1313号。

律续造”的方法确定了“定向减资需经过全体股东同意”的裁判规则。[1]

用合同思维看这个案例,裁判依据原本就存在于公司法、公司合同之中,并不需要法律续造。公司合同原本约定是公司平等对待股东,如果返还清算剩余财产或者以其他类似的方法返还,须向全体股东一起返还,然后按照比例细分。案例中,一方当事人(大股东)未经另外一方当事人(小股东)同意,单方变更公司合同,把合同修改为大股东可以独自获得返还、自己提前收回投资。这个单方变更合同的行为是不成立的。

当我们说一个公司资本雄厚的时候,说的是这个公司股东出资多,并不代表公司资产多。对普通债权人而言,公司资产减少,不论是因为变更《出资合同》还是因为经营亏损,都不是什么好事情。理应更加关注公司资产减少。变更《出资合同》、减少资本的实际结果不必然是公司资产减少。因此,可以把减少资本划分为两类:(1)导致资产减少、偿债能力减弱的资本减少,必须严格履行法定程序,充分地保护债权人;(2)不会导致资产减少、偿债能力减弱的资本减少,是形式而非实质的减少,可以不征求债权人意见,债权人不应享有反对权,公司可以用较为简便的程序办理登记变更。

《公司法》(2018 年修正)“一刀切”,凡是减少资本就必须通知债权人、登报公告等。《公司法》(2023 年修订)则区别对待,设计了简易减资程序[参见《公司法》(2023 年修订)第 220 条、第 221 条]。

用“盈余公积”弥补亏损,资产负债表中盈余公积那一个科目的数字减少,另外一个亏损科目的数字由负数变成零或者负数变小。用合同思维看,就是拉长了业务合同的结算周期,把上一个周期业务合同的亏损与下一个周期业务合同的营利做一个合并清算。这个清算是业务合同范畴内部的动作[参见《公司法》(2023 年修订)第 210 条]。

某些错误的调账,会长远地、间接地损害债权人的利益。例如,用“资本公积”弥补亏损,这样公司看似不亏钱了,等下一个年度赚钱了就有资格分配利润,以分配利润的方式提前返还清算剩余财产,等同于间接地把资本公积以分配利润的方式退给股东。这样的调账是被禁止的。用合同思维看,资本公积是因为特殊的出资合同产生的,与业务合同没有关系;亏损,是业务合同产生的,两个不同合同范畴的事情,不

[1] 参见郜俊辉:《股东平等视角下的减资规制研究》,载《中国政法大学学报》2023 年第 1 期。

能混淆,否则会对公司的盈利能力认知造成混乱,因此必须予以禁止[参见《公司法》(2018 年修正)第 168 条]。然而,《公司法》(2023 年修订)第 214 条规定,应当先使用任意公积金和法定公积金弥补公司亏损;仍不能弥补的,可以按照规定使用资本公积金。新规定是否妥当,有待进一步研究。

需要注意的是,减少资本、减少注册资本,并不是同一个概念、不是同一个事情。这个需要从"注册资本"这个概念的由来谈起。在商事合同中,注册、登记是很少被使用的概念,但是公司合同特殊,也就是公司被拟制为实体必须得到国家的承认、接受国家代表债权人(社会大众)的监督,于是公法(行政法)介入商事合同中,创造了注册资本这个概念。

顾名思义,注册资本就是被注册(登记)了的资本。注册(登记)如同一个符号,标志着《出资合同》被政府登记了。在公司新设登记时,股东主体身份被登记的同时,公司章程记载的股东的出资义务也被登记机关摘录、变成了登记事项,因此,"资本 = 注册资本"。公司成立以后,签订新业务合同、筹资合同,资本情况会发生变化,可能是增加了也可能是减少了。资本减少,可能会影响债权人的利益,因此,登记机关对于减少资本非常关注、严加管理,但是登记机关并不完全清楚资本的具体情况,只知道自己登记了的那部分资本——"注册资本"的信息。于是登记机关的管制规范都是针对减少注册资本的。但问题在于,并不是全部资本都被登记了,还有一部分是"未被登记的资本"。

未被登记的资本,就是没有纳入登记机关行政监管的资本,有较大的私法的合同自由度。于是,公司减少资本,还可以被分为两种情形:(1)减少资本但不减少注册资本;(2)减少资本等于减少注册资本。最典型的例子就是公司对外公益慈善捐款,公司资本减少,在资产负债表的左侧减记"银行存款",在资产负债表的右侧减记"资本公积",左右平衡。此时,公司的注册资本丝毫没有发生变化。

40

股权、股份、资本：合同的解释

划分、组合，不同的用词，反映了对整体与部分关系的不同认识。组合，描述的是先有部分，部分聚合在一起形成整体；划分，是反过来，先有整体，然后整体被划分为部分。举例说明：设立公司的时候，发起人有一个筹资计划，例如筹集 100 万元，但是结果未必如愿，有时候认购不足，只有 90 万元，有时候超额认购，结果是 110 万元。假设股东 A 出资 20 万元，股东 B 出资 30 万元，股东 C 出资 40 万元，合起来的出资总额是 90 万元。这 90 万元是一个组合、聚合的结果。

Joint Stock Company（合股公司，也被翻译为股份公司、联合股份公司），体现的是组合而非划分。[1] 股份的词源是英语，英文 stock 的初始语义是木块；[2] 没有任何“份”“份额”的意思在其中。股东 A 的出资，是一个 stock，对应一个出资合同，以此类推，每个主体的出资都是一对一的出资合同，用块状来形容非常贴切。出资总额、股本，表达的都是总和计算关系，把个别股东出资总和计算为出资总额或者股本。公司签发出资证明书、股份证明书、股票时，不是每一股对应一个票（证），而是以“一个合同、一个主体、一个证明书”这样的方式来操作。一张出资证明书记载股东 A 的出资总体情况，以此类推，三张出资证明书加总的结果就是股东名册，并不是股东名册被分割、划分为几个出资证明书。如果认为这是一个分割、划分关系，显然不符合实际。因此，股份并不是划分资本的结果。

股份，这个概念所要描述或者表达的是单个股东的出资合同以及附着于该出资合同由该股东享有的合同权利。当我们说股份的时候，正确的说法几乎都应当是与股东关联在一起。股东所持有的股份，实际上承载着公司合同以及公司法所涉及的

---

〔1〕 参见林少伟：《英国现代公司法》，中国法制出版社 2015 年版，第 571 ~ 572 页。

〔2〕 参见范健、王建文：《公司法》，法律出版社 2008 年版，第 328 页。

权利义务；每一个股东依据其本身持有的股份相应地享受相关的权利以及履行相关的义务；从形式上看，股份是一种无形的动产财产。[1]

股东出资组合完成以后，各个股东的出资合同合在一起的结果是钱、资金结合为一体，形成出资总额，无法再区分具体的哪一块钱是你出的、哪一块钱是我出的。总出资的所有权转移给公司以后，总出资成为公司的经营性资产。公司获得资产所有权的同时，对股东负有合同义务。用合同思维看，资本与股份是一对儿概念。资本，对应的主体是公司，公司合同的另一方。股份，对应的主体是股东。资本是公司的合同义务的总和，股份的总和是股东对公司的合同权利的总和，权利与义务对应。

股份与资本的关系，在公司向股东购买其持有的（本）公司股份时表现得最为明显。股东持有的股份减少，对公司的合同权利减少；公司的资本减少，对股东的合同义务减少。允许公司购买自己的股份，完全可以做到在逻辑上自圆其说，认为应该"原则上禁止股份回购"的观点值得商榷。公司购买自己的股份，可能导致公司资产减少、损害债权人利益，不等比例地向股东购买股份可能造成股东的不公平、不平等，在上市公司范畴还可能被内幕信息人利用，从事不合法的交易，这些都是在原则上应允许交易的前提下必须制定若干补充规则加以防范的理由，但并不是构成禁止股份回购的理由。

股份是抽象概念，无法如同实物一样被"注销"。股份这个抽象概念所代表的利益消失，实质上在支付购买对价的时点有关利益早已经消失了。公司向股东购买其持有的（本）公司股份，原则上必须注销股份，也即废止某个出资证明书或股份证明、股票，修改公司向股东购买其持有的（本）公司股份和公司章程。完成了这些手续，只是在形式上彻底让有关利益无形而已。

公司在某些例外场合充当了"中介"，例如买入后将股份奖励给公司职工，此时，股份经过公司的"手"卖给公司职工，合同目的不是让公司享有利益，结果也不是公司享有利益，在过手期间有关利益"悬空""无主"。这样的规则设计，无非是为了提高交易效率或者降低交易成本，与逻辑是否成立没有必然关系。这种回购但不注销的行为，在逻辑上很难自圆其说，反而是原则上应禁止、允许为例外。

由于表决统计、市场交易、计价和价格信息披露一致性的需要，导致需要用单位（一股）辅之以面值来计量股份。股份本身不是计算单位或者构成单位。

---

[1] 参见林少伟：《英国现代公司法》，中国法制出版社 2015 年版，第 577 页。

英国东印度公司早期施行的表决规则是“一人一票”,很简单,就是现场数人头。后来表决规则被修改,按照出资多少计算票数,一权(股份、合同)多票,那么就必须有计量单位才能算每个合同承载的票数,但操作方法依然是先计算单个股东的表决权数,然后把大家的表决权数加总算出来一个总数,以这个总数作为基数,再算比例。这是符合常识的、合理的数学算法过程。

为了方便交易,在某些交易中需要把大股拆成小股,拆细。如果是大宗交易,大块拆成小块足矣,不需要“一股”这样的单位来计算有多少股被交易。当市场要求交易单位继续缩小,让更多的人能有机会购买时,就必须量化到“一股”这样的最小单位。市场需要披露交易价格,各个公司的股份交易必须具有可比较性、计量单位的一致性,于是要求每个公司的股份都以“一股”为单位,面值也最好都是一样的。这是符合常识、史实的演化过程。金融市场交易的合同规则造成拆股、面值多少等各种变化。这些商业行为,已经超出了公司合同范畴,进入了市场交易合同范畴。如果股份没有进入市场交易,不受市场交易的合同规则制约,那么大家看到的就是一块一块、分别由不同股东持有股份的状态,对应着一个一个的《出资合同》。

公司通过经营获得收益以后,获得分配的股东看起来是在分享一块“大蛋糕”(分配收益)。于是需要一个比 stock 更适合的新概念来描述这个分享状态。这个概念是 share。share 的英文语义是分享,也被翻译为股份、股票,与 stock 混用,甚至比 stock 更加常用。share(分享)是一个形式,分享的依据是 stock 以及包含了出资合同在内的公司合同。

股权、股份,本质上是同一回事,只是被加工处理后,形式上看起来不一样而已。对股份采用的加工或者说设计方法是去合同化,结果看起来像是动产。反之,对股权采用的是突出合同化。正如我们看到的德国《有限责任公司法》开宗明义、明确规定德国有限责任公司建立在公司合同之上,而德国《股份有限公司法》则对公司合同只字不提。

41

资产收购的实质是概括性合同转让

《财政部、国家税务总局关于促进企业重组有关企业所得税处理问题的通知》(财税〔2014〕109号)中,对"资产收购"的定义是:"一家企业(以下称为受让企业)购买另一家企业(以下称为转让企业)实质经营性资产的交易。"

如本书之前所述,资产是公司范畴的一个概念,与财产不同的是,资产本身就自带了经营的属性。经营的属性决定了公司的财产几乎都有各种各样的合同负担。买卖财产的同时继受这个财产上附着的债(合同),性质就不再是买卖财产而是买卖资产。《财政部、国家税务总局关于促进企业重组有关企业所得税处理问题的通知》不仅强调了资产的"经营性",还增加了"实质"这个定语。笔者对"实质"的理解是,有关资产应该是正在经营的、为公司贡献收入的、动态变化的,不能是闲置资产。

资产收购合同必须有一个附件来说明"实质经营性资产"是什么东西,一般是用资产清单或者审计报告含资产清单来体现。以生产型公司的经营性资产为例,其中包含了机器设备、原材料、半成品、成品、办公设备,还包括应收账款、应付账款、应付工资、银行存款等;连同资产转让还包括负责运作这些资产的员工的人员转移。用合同思维看,其中收购的资产中存在明显的合同,更多的是需要辨识的合同资产。成品就是待交货的商品,是为了履行某个销售合同。收购的原材料,本身是某个原材料供货合同履行的结果。销售合同、供货合同,不会因资产收购而中止履行,在合同履行过程中成品、原材料的金额和数量是动态的,但是在合同约定的范围内发生变化。半成品也是未履行销售合同而生产出来。因为合同履行的缘故,应收账款、应付账款、银行存款都是变动的,但是都是在这么多合同约定的范围内发生合理的变动。因此,所谓的资产收购,就是买卖若干业务合同,其中包含的实物资产都与业务合同密切相关,都是经营性质的。这里的合同买卖,是合同法意义上的合同权利和义务的概括性转让,需要得到合同相对方的同意。例如,与这些经营合同有关的员工的转移人事关系,也即劳动合同的单位一方主体变更,需要征得员工的同意。

《财政部、国家税务总局关于促进企业重组有关企业所得税处理问题的通知》规定:“受让企业取得转让企业资产的计税基础,以被转让资产的原有计税基础确定。”所谓的计税基础就是与资产有关的合同、资产的记账金额。所谓的以被转让资产的原有计税基础确定,就是这种被认为属于企业重组的资产收购设计的全部合同必须维持持续履行的现状,记账金额持续反映经营结果。《财政部、国家税务总局关于促进企业重组有关企业所得税处理问题的通知》还要求,企业重组后的连续12个月内不改变重组资产原来的实质性经营活动,是从另外一个角度提出要求,概括地转让合同权利和义务至少需要一段时间来证明交易的目的是合理地延续“生意”。

如果不考虑商业组织形式,资产收购的结果与企业合并是相同的,是事实上的合并。因此财政部、国家税务总局把资产收购与企业合并都归类为企业重组,适用同样的规则。与企业合并等同性质的资产收购,必须具备一定的规模。《财政部、国家税务总局关于促进企业重组有关企业所得税处理问题的通知》原本规定,“资产收购,受让企业收购的资产不低于转让企业全部资产的75%”,就是要求必须整体性交易才具备重组的实质;后来修改规定,将比例下调为50%,这个修改容易降低交易的重组实质性门槛,容易被钻空子。

如果一个企业的绝大部分资产几乎毫发无损地整体“打包”出售给处于同一实际控制下的关联企业,经营性合同没中断、终止,这盘“生意”没中断、还在延续,就属于企业重组。在我国香港证券交易所上市而进行的重组中,可以见到一个新设立不久的公司采用资产收购的方式进行重组,原先负责经营管理这些资产的董事会、管理层基本平移,借助模拟财务报告的方式展现历史业绩,被证券交易所上市委员会认为在持续经营年限、业绩方面符合上市要求。

综上,用合同思维看待资产收购,能够比较清楚地认识到这是另外一个形式的公司合并,商业组织形式的外观如何不影响对资产收购交易实质的认定,也更容易理解《财政部、国家税务总局关于促进企业重组有关企业所得税处理问题的通知》的原理和精神。

42

一人公司合同要避免自我交易

只有一个股东的公司(一人公司)不是公司,这曾经是公司理论的通说、毋庸置疑的定论。2004 年修正的《公司法》出台之前,有限责任公司最少要有两个股东。记得过去还曾有个别判例认为夫妻名义上是两个股东、实际是一个股东,因此不承认这类公司是真正意义上的公司。最典型的、最迷你的一人公司只需要夫妻两人就足够了,丈夫是股东,妻子是董事兼经理、财务负责人,丈夫任监事。用合同思维看,这样的公司没有真正的合同存在,全部都是伪装成合同的自我交易。

如本书之前的分析,在拟制公司的过程中,债权人承认是非常关键的。如果债权人普遍不承认,公司无法作为一个实体做生意,那么只能与合伙一样用商号做生意。国家承认、立法承认公司是法人,也是建立在债权人普遍承认的基础之上。至少在最初的阶段,债权人、学者都普遍地认为一人公司不能称其为公司。但是后来立法变化,也得到了众多学者的支持。支持者认为,承认一人公司为独立实体,利大于弊,通过修改法律予以承认,那么一人公司就从非公司变成了真正意义上的公司。但是立法者、部分学者也许只是少数派,完成立法修改不等于就能服众,为了让一人公司规则站得牢固,必须克服一人公司的弊端,打消反对派的疑虑。

只有一个股东的公司,股东不能证明公司财产独立于股东自己的财产的,应当对公司债务承担连带责任[参见《公司法》(2023 年修订)第 23 条第 3 款]。这样很容易造成一个"陷阱"或者说重大误解。一人公司的股东认为自己受到了"有限责任"的保护,但实质上几乎没有。在一人公司不能偿债时,股东几乎无一例外地成为共同被告。股东所面临的举证责任,如同"有罪推定",想要证明不存在公司财产与个人财产混同几乎做不到。在一些案件中,被告股东试图用司法审计鉴定的方式证明自己的清白,但并不为法院所认可。司法审计的结论性意见不可能是绝对的一锤定音的表态,但凡不能排除混同的可能,股东就必须为公司债务承担连带责任。

从拟制公司为实体的角度看,最初在设计公司合同时,合同设计者努力地偏离合伙协议、有限合伙协议,也自然地尽最大的努力避免与一人公司合同相似,否则债权人"不买账"。如果法律强制要求一人公司合同必须具备普通公司合同的某些内容,或许能够让一人公司合同内容近似普通公司合同,这样即便做不到神似也能形似。总好过现在债权人一打眼就觉得形神都不似。按照这个思路,《公司法》(2023年修订)允许一人公司可以不设置的机构,也就是公司合同中不包含的合同,可能都需要改为必须有。例如,如果公司法规定一人公司必须设董事会,最少三个董事会成员,前述的那种最迷你的"夫妻公司"自然被排除在外,股东无论如何也得找一个外人来担任董事,哪怕是近亲属也增加了外部性,一定程度上减少了自我交易的问题。

在实践中,商行为人会把一人公司与"不设董事会的小规模有限责任公司"作对比。一人公司只有一个股东,由三名董事组成董事会,股东不能证明公司财产独立于股东自己的财产的就必须对公司债务承担连带责任。"不设董事会的小规模有限责任公司"有两个或者两个以上股东,可以只有一名董事,债权人如果不能证明公司财产没有独立于股东自己的财产就无须对公司债务负责。该如何选择?笔者相信大部分投资人都会选择"不设董事会的小规模有限责任公司"模式。这样通过改变合同规则,自然而然地"筛选出"真正需要一人公司这种特殊公司的投资人。

除了自然人设立的一人公司外,法人设立的一人公司(全资附属公司)构成了另外一个公司治理问题。除了自我交易问题外,全资附属公司的公司合同更加特殊,产生更特殊的公司治理难题。

全资附属公司的公司合同组合几乎被集团公司的"大公司合同组合"所包容,严重缺乏独立性,怎么看都不像是一个独立的合同。例如,全资附属公司名义上的高管都是集团公司派员,甚至人事关系都保留在集团公司,如果有朝一日从附属公司辞职也大概率是因为被调回集团或被集团派去其他附属公司改任他职;可以认为他们是为了履行集团公司的《高管合同》才到公司任职,与全资附属公司之间并没有真正的单独的《高管合同》。实践中会观察到这类高管基本都不会与全资附属公司签合同。又如,很多集团的全资附属公司虽然设置董事会,但董事会成员是所谓的"双肩挑":在全资附属公司担任董事的同时在集团任职(董事或者高管)。集团的法务部、风控部门或者财务部门派员担任全资附属公司董事的情形比较常见。决定"双肩挑"董事命运的合同是他们与集团的《高管合同》,并不是他们与附属公司的《董事会合同》。对集团公司的忠实义务的内容与对全资附属公司的忠实义务的内容不同并可能存在冲突。全资附属公司的《董事会合同》必然全部或者部分地沦为形式合同，无法发挥应有的功能，全资附属公司根本做不到公司法及法理要求的独立，集团公司治理难题也就难以被解决。在集团的全资附属公司的董事会、管理层中适当地增加外部性、独立性，例如社会招聘高管、聘请独立董事，或许是破局之道。

43

Limited Liability Company 是“普通公司合同”的组合变化

美国有一种商业组织叫作 Limited Liability Company(LLC)。如果美国各州 General Corporation Act(普通公司法)设立的 Corporation 是标准形态,那么 LLC 就是一个特殊形态变形。以特拉华州为例,“普通公司”依照该州的 General Corporation Act(《特拉华州普通公司法》)注册成立,LLC 依照该州的 Limited Liability Company Act 注册成立。为了方便比较,这里将 Corporation 翻译为“普通公司”,它大体上与英国公司、德国股份有限公司、中国股份有限公司对应。但是,LLC 在我国公司法中找不到合适的对应概念,沈四宝等学者认为应翻译为“有限责任企业”以避免混淆。[1] 因此,在本书中只用其缩写 LLC,不加以翻译。

LLC 是美国税法“入侵”公司法“制造”出来的一个特殊形态。普通公司要缴纳自己这个主体的赋税(第一层税),普通公司的股东还要就从公司获得的收入再缴纳自己的赋税(第二层税)。为了让 LLC 能有资格不缴纳第一层税,就必须与普通公司有所区别、有变化,但是股东又不想对 LLC 债务承担无限责任,必须保留部分普通公司的特征才能适用“有限责任规则”,于是就发明了 LLC 这个特殊形态。

按照美国 1986 年联邦税收规则第 7701 号以及相关补充规定,如果一个组织具有 6 个特征那么就必须按照普通公司对待,缴纳双层税赋;而缺乏其中 2 个以上特征的则可以按照合伙对待,只缴纳第二层税赋。这 6 个特征是:(1)具有组织的表象,或者说样貌上像一个组织;(2)具有经营商业以及分红的目标;(3)永续的活力,换句话说,公司不因成员变动而终止;(4)股份利益可自由转让;(5)集中管理,亦即

---

〔1〕 参见沈四宝、郭丹:《美国合伙制企业法比较评析及对中国法的借鉴》,载《甘肃政法学院学报》2006 年第 2 期。

独立于成员之外的类似于董事会之类的机构集中行使管理公司的权利;(6)有限责任。这个联邦税收规定影响巨大,美国各州的 LLC 立法迅猛发展、争先恐后,LLC 如雨后春笋般出现。[1]

前述特征(1)(2)(3),是任何谋求商业发展的组织或者团体都具备的,在税法范围内讨论它们无意义,可以略去。LLC 与普通公司的股东都对组织的债务不承担无限责任,必须保留特征(6)。因此,要把 LLC 设计得与普通公司不同,就只能在剩下的(4)(5)这两个特征中下手。

首先,与特征(5)对应的《董事会合同》被修改了。一个组织离不开管理者,但是管理者的身份资格、权利内容可以被合同特别约定。董事会被所谓的“成员管理”(member-managed)或者“经理管理”(manager-managed)替代。如果是成员管理,那么管理者必须是出资人。普通公司中负责管理的董事并不需要出资,这一点被改变了。LLC 合同把各种经营决策的权利高度集中到成员手中,几乎大部分事项都需要全体成员一致同意。如此变更后的合同就是《成员管理合同》。如果管理者是经理,那么这个经理也必须是出资人或者出资人委派的代表,行使几乎所有的管理权。如此一番操作后把《董事会合同》修改为《经理管理合同》。特征(5)——“董事会集中管理”这个普通公司必有的规则在 LLC 中被废除。

其次,与特征(4)对应的《出资合同》被修改了,增加了很多与成员及其利益有关的各种限制规则,包括:新成员加入必须得到全体成员的同意,或者成员能转让其享有的“分配利益”(distribution interest)但受让人不能成为成员等。特征(4)——股份利益自由转让也几近消失。

经过一番“合同整容手术”,一个普通公司就变形为 LLC。有日本学者将 LLC 意译为“合同公司”,或许是为了体现其中的合同变化。[2]

---

〔1〕 参见江平、虞政平:《中美有限责任公司比较研究》,载梁治平编:《法治在中国:制度、话语与实践》,中国政法大学出版社 2002 年版,第 274 ~ 276 页。

〔2〕 参见[日]上村达男:《公司法改革——公开股份公司法的构想(中日文对照本)》,中国证券监督管理委员会组织编译,法律出版社 2015 年版,第 131 页。

44

德国有限责任公司是对股份有限公司的“合同化改造”

有限责任公司这一企业形式不是自发形成的，而是德国立法者在德国股份有限公司的基础上为小规模的公司而研制。该制度具有“自我否定市场性”，是将来不在证券市场发展的企业形式。日本学者上村达男称之为在市场中“无法飞翔”的股份有限公司。中国学者刘俊海认为，“有限责任公司是股份公司的简易版和缩写版”[1]。

在研究德国有限责任公司时，首先是明确其合同属性。德国《有限责任公司法》规定，公司设立程序始自“公司合同”缔结；公司合同的缔结需要公证人公证。在通常情况下，公司合同的拟定以相关公司合同模板、德国《有限责任公司法》附录中提供的模范章程为参考。虽然实践中多采用章程的称谓，但是德国《有限责任公司法》一直没有改变“公司合同”的表述。[2]

在德国股份有限公司这个标准合同基础上所进行的第一个改造就是恢复合同的相对性。合同相对性，主要是指转让合同需要经过合同其他当事人的同意。在股份有限公司范畴，为了方便交易、增加流动性，股权转让不需要公司也不需要其他股东的同意就可以自由转让。德国有限公司合同规定，向股东以外的主体转让股权需要经过其他股东同意。如果其他股东不同意，该怎么办？为了解决这个问题，又衍生出一些补充规则，例如，不同意转让的股东要么购买股权，要么视为同意，或者享有优先受让权等。

---

〔1〕 刘俊海：《公司法学》，北京大学出版社2008年版，第106页。

〔2〕 参见[德]托马斯·莱塞尔、吕迪格·法伊尔：《德国资合公司法》，高旭军等译，上海人民出版社2019年版，第516～520页。

第二个合同改造就是改变了股东集体开会时的表决权规则。在股份有限公司范畴，股东表决权总数的意义有限，因为如果一个股东不出席股东会议和投票，其持有的表决权不会被纳入本次会议的表决权总数。大股东几乎从不会缺席股东会议，而部分小股东经常缺席，看起来这构成了某种不平等。为了克服不平等，德国有限责任公司合同对这个表决权规则进行了修改，修改后的规则是：不论一个股东是否出席股东会议，其持有的表决权都必须被计入该次股东会议的表决权总数。修改后的效果是，少数股东虽然不出席股东会议，但依然能用自己的不出席行为来表达自己的意志（不支持），这在大股东只是相对控股或某些议案需要“三分之二多数决”的场合颇有意义。

第三个合同改造就是明确规定德国有限责任公司合同中可以包含更多的附属合同义务（债）。例如，全体股东或者个别股东除了出资义务外，还负有向公司有偿或者无偿地提供股东贷款的义务。当股东贷款合同成为公司合同的附属部分，就需要一些补充规则来规范、约束。约束股东贷款，不仅是德国公司法的课题还是德国破产法的课题。[1] 前述这些合同规则是我国公司法所没有的，在部分公司章程中偶有所见，概因我国公司法设计者从整体上并没有接纳德国有限责任公司的合同属性，公司合同还可以包含股东贷款合同等附属部分没有成为商业常识、惯例。在中国，实践中普遍存在提供股东贷款或者股东为公司贷款提供等比例担保，但是，很多这样的附属义务并没有被写入公司合同中，因此成了普通合同债权，在股权转让时容易出现争议。实践中会看到“承债式股权收购”，实际上是在受让《出资合同》的同时受让了附属于该合同的股东贷款合同，因此，买股权的同时必须一并买债权。这个“承债式股权收购”充分印证了股东贷款与股东出资合同的附属关系、联动关系。

第四个合同改造是废除了德国股份有限公司合同组合中的《董事会合同》，改造了《经理合同》的职权规则。法律仅规定必须设股东会和经理，可以任意设置监事会。一家有限责任公司没有了董事会，股东（大）会自然成为公司毋庸置疑的“最高权力机构和决策中心”。公司经理虽然取代董事会对外代表公司的职权，但是经理

---

〔1〕 参见［德］托马斯·莱塞尔、吕迪格·法伊尔：《德国资合公司法》，高旭军等译，上海人民出版社2019年版，第587～588页。

的法定权利很少,“受股东指示约束”,成为附属的、类似于雇员。[1]

或许是为了让“人合”更加彻底,德国有限责任公司合同还创新地规定了“股东必须对公司及其他股东承担一个一般性的忠实义务”,这个规则先是在有限责任公司合同中站稳脚跟、成为一个固定内容,然后反过来影响德国股份有限公司合同,成为两个类型的德国公司的股东的法定义务。[2] 股东忠实义务规则,似乎有助于巩固有限责任公司的其他合同规则。例如,新股东的忠诚不得而知,限制转让股权给新股东就更有理由;老股东没有适合的理由退出公司或可以被解读为不忠诚,转让股权需要加以限制;既然负有忠实义务,股东出席股东会议似乎就应该是一个合同义务,尽管具体的履约标准未被明确约定;把不忠诚的股东开除、除名,也获得了充分的依据。但总体上,这个股东忠实义务规则更像是一种道德捆绑,有悖于商事合同追求利益最大化的商人精神。

股东忠实义务规则,也带来很多棘手的问题。例如,无法从现有的合同法中找到任何股东忠实义务的法理依据,无法解释为什么合同法的一般性的诚信规则不能在这个场合中胜任;难以规定清楚股东忠实义务的具体内容;无法解释大股东与小股东是否负有同等的忠实义务等。我国在借鉴德国公司法时并没有采用这个“股东忠实义务规则”。在公司法中规定股东负有一般性的不侵权规则、禁止侵权规则,规定侵权行为的法律后果,或者利用《民法典》所能提供的侵权法原则、规则,似乎是更好的解决之道。无论如何,在商事合同中约定当事人之间的忠实义务都是需要非常谨慎的,因为这样让真正的有信用的人犹疑不决、止步不前,而毫无诚信的人无所畏惧、大踏步前进,反而起到了“驱逐良币”的副作用。

综上,德国立法者通过对德国股份有限公司进行合同化改造创造了一个全新的公司合同,但是这个模式被传播到一些后发国家的时候,合同中的很多规则并没有被全盘接受,有限责任公司这个模式没有反过来对英国公司法产生影响。而移植德国模式的日本更是在借鉴了几十年以后最终在 2005 年废止了有限责任公司制度,令人深思。

---

[1] 参见[德]托马斯·莱塞尔、吕迪格·法伊尔:《德国资合公司法》,高旭军等译,上海人民出版社 2019 年版,第 650 ~ 651 页。

[2] 参见[德]托马斯·莱塞尔、吕迪格·法伊尔:《德国资合公司法》,高旭军等译,上海人民出版社 2019 年版,第 145 ~ 146、590 ~ 592 页。

45

小生意宜选择简单的合同模式

以组织思维看，所谓小型商业组织，与股东人数多少、企业规模大小有关系。《公司法》（2018 年修正）第 50 条第 1 款规定，股东人数较少或者规模较小的有限责任公司，可以设一名执行董事，不设董事会；执行董事可以兼任公司经理。《公司法》（2023 年修订）第 75 条规定，规模较小或者股东人数较少的有限责任公司，可以不设董事会，设一名董事，行使《公司法》规定的董事会的职权。该董事可以兼任公司经理。不知为何，立法者把《公司法》（2018 年修正）中的“股东人数较少”这个衡量标准给删除了。

传统公司法理论认为，股份有限公司是为了股东人数多、规模比较大的商业组织设计的。股份有限公司的组织结构是必须设股东会、董事会、监事会、经理（三会一层），分权制衡，形式上非常工整严密。当今的公司法理论则另有见地。允许设立只有一个股东的股份有限公司，股东人数多的特点被削弱。其次是规模较小的股份有限公司可以不设董事会、不设监事会，加上经理的法定职权也被废除，“三会一层”这样的模范组织结构在规模较小的股份有限公司中并非“定式”。

股份有限公司确实是为股东人数多的商业组织设计的，正因如此，股份有限公司的合同规则比较简单、不容易产生纠纷。不少投资人图简单，看到不出钱都可以设立股份有限公司，就选择了这个模式，而忽略了这个模式中存在很多复杂的为纠正、补漏而设计的补充合同规则。设立股份有限公司，必须出资到位还需要验资才能设立公司，看似麻烦，实际上在公司成立后履行合同时非常简单，根本不需要大量的补充合同规则。

用合同思维看，所谓小型商业组织，与股东人数、企业规模有关系，但与构建商业组织的合同的复杂度更有关系。合同越简单，关系越简单。合同复杂，几乎等于组织的内部关系、结构复杂。例如，公司只有一名董事兼任经理，一个管理中心，《董事会合同》与《经理合同》合并成一个合同,这样的公司就是法律意义上的“小公司”,尽管这样的“小公司”经营的资产可能数以亿计。例如,从事公共事业、基础设施运营的收费公路公司、污水处理厂、自来水厂等。在成立此类公司前的股东的决策过程比较复杂,一旦成立以后就是执行既有的合同,需要作出的经营管理决策很少,自然不需要复杂的内部结构。

小型商业组织,应当全力以赴地对外拓展生意,不适合花费大量的时间、经费用于内部股东事务的处理。例如,董事(会)有义务去找违约的股东追缴出资,在发生股权转让时需要查验是否符合章程规定等,这些事务性工作会耗费董事很多精力,发生纠纷时更是如此。越是“人合”的公司,反而越是需要借助“资合”的公司合同模式来简单化人与人之间的关系,尤其是在出资方面。通过本书的前述介绍,读者应该发现股份有限公司的公司合同是标准合同,比较简单,做小生意、创业,或许应该突破现有的思维框架、采用股份有限公司模式。

本书虽然是用合同思维分析公司,但并不排斥采用公司以外的商业组织形式,有限责任规则不是公司合同所独有的,在有限责任合伙中一样存在。有限责任合伙或许更适合于某些经营活动,例如,股权投资、风险投资行业已经大量地采用该种模式。

46

上市公司合同的特殊性

上市公司的特殊性在于“跨界”，从非上市公司演变为上市公司以后，所需要遵守的大部分并且权重最大的法律规范是证券法。用合同思维看上市公司，会发现使其与非上市公司不同的是其合同组合中独有的两个合同：向公众投资者出售股份的《公开发行股票合同》和与证券交易所签订的《上市协议》。

所谓《公开发行股票合同》就是由《招股说明书》（要约邀请）、认购申请、认购确认书、《公司章程》（草案，发行成功时生效）组成的，核心法律文件是《招股说明书》。《招股说明书》必须经国务院证券监督管理机构注册才具有法律效力[参见《公司法》（2023年修订）第154条第1款]。与《招股说明书》配套的合同是拟上市公司与保荐人签订的《保荐协议》，与包销或者代销股票的证券公司签订的承销协议，与银行签订的代收股款协议[参见《公司法》（2023年修订）第155条、第156条]。《公开发行股票合同》也是一个合同组合，不仅包含发行股票的内容，还包含拟上市公司实际控制人、主要股东的承诺、负责上市的中介机构的承诺、拟上市公司董事、监事、高级管理人员的承诺，这些承诺在投资人与保证人之间建立了合同关系，补充、改写了公司合同组合中的部分既有合同规则。例如，公司老股东的《出资合同》全部被修改，增加了限制转让条款，变更为自公司股票在证券交易所上市交易之日起1年内不得转让；控股股东、被认为受实际控制人控制的股东，可能在上市交易之日起3年内都不得转让[参见《公司法》（2023年修订）第160条]。入股拟上市公司董事、监事、高级管理人员，他们与公司的《出资合同》中被补充了一个限售条款，即所持本公司股份自公司股票上市交易之日起1年内不得转让，离职后半年内不得转让其所持有的本公司股份。如果上市后生效的公司章程对公司董事、监事、高级管理人员转让其所持有的本公司股份有更加严格的限制性规定，按照章程规定执行。

公开发行股票成功，拟上市公司成为准上市公司，有资格与证券交易所签订《上市协议》,约定股票代码、挂牌上市日期等,其中最重要的内容是上市公司必须保证遵守证券交易所的各种规则,这些规则构成了《上市协议》的一个庞大的合同附件。上市公司几乎无法讨价还价、协商《上市协议》(含附件的交易规则),因为这些交易规则几乎都是在落实《证券法》、国务院证券监督管理机构的行政规章的执行规范。与《上市协议》配套的还有与证券登记结算公司签订的交易结算协议。股票挂牌,依照有关法律、行政法规及证券交易所交易规则上市交易,准上市公司变成上市公司,继续履行与证券交易所的《上市协议》、交易结算协议等。

《上市协议》(含附件的交易规则)约定公司必须依法、依照证券交易所规则履行信息披露义务。所谓的依法,就是依照《证券法》的规定。《公司法》(2023 年修订)第 166 条(上市公司必须依照法律、行政法规的规定披露相关信息)、第 209 条第 2 款(公开发行股票的股份有限公司必须公告其财务会计报告)、第 140 条第 1 款(上市公司应当依法真实、准确、完整地披露股东、实际控制人的信息)、第 162 条第 4 款(上市公司收购本公司股份应依照《证券法》履行信息披露义务)等与上市公司有关的法律规范在《证券法》、有关行政法规、规章、交易规则中全都有,即使不规定也不会有任何法律漏洞。

我国的《公司法》先于《证券法》被制定,因此,其中关于公司法发行股票的规范、关于上市公司的特别规定在当时有着重要的意义。但是,完成《证券法》立法后,《公司法》与《证券法》的历次修改交错进行,大部分《公司法》中关于公开发行股票、关于上市公司的规范在证券法体系都已经存在,同时在两个法律体系中就同一个事项作出规定,还容易出现不一致的问题。如果《公司法》与《证券法》能协调、同步修订,那么几乎在《公司法》中只需要保留一句话解决两个法律的衔接问题就足够了,即《证券法》及国务院证券监督管理机构对公开发行股票、对在证券交易所上市交易的股份有限公司(上市公司)另有规定的,从其规定。

有学者主张应该为上市公司制定单行法,也有学者主张把规范上市公司的规定集中在证券法体系中。总之是希望把关于上市公司的特别规定从公司法中“剔除”。这样做的好处是很明显的。首先,可以避免同一个概念在同一部法律中可能有不同的定义,避免法律条款表述凌乱,避免可能出现的逻辑错乱。例如,独立董事原本专属于上市公司,具体管理办法由国务院证券监督管理机构规定,在证券法范畴有其定义。公司法对独立董事不作具体定义,也没有具体法律规范。但是,2022 年《公司法(修订草案二次审议稿)征求意见》第 121 条第 1 款、第 2 款规定,股份有限公司可以在董事会中设置由三名以上董事组成的审计委员会，独立董事应当过半数，且至少有一名独立董事是会计专业人士。第 121 条第 3 款规定，独立董事不得在公司担任除董事以外的其他职务，且不得与公司存在任何可能影响其独立客观判断的关系。这样就可以有两个解释。一个解释是第 121 条第 3 款就是公司法对独立董事的定义，适用于非上市公司；适用于上市公司的独立董事的定义，按照国务院证券监督管理机构的定义。这样就出现了一部法律，同一概念但不同定义的问题。容易造成不必要的混淆。另外一个解释是非上市公司也同样适用国务院证券监督管理机构对上市公司范畴中独立董事的定义，也即两个范畴使用同一个概念、概念定义相同。如果是这样解释，为了避免意外，在立法次序上就需要中国证监会先规定，然后公司法修订稿才能定稿。2023 年中国证监会颁布《上市公司独立董事管理办法（征求意见稿）》时，公司法修改草案尚未出台，在《上市公司独立董事管理办法（征求意见稿）》依然写着“依据《公司法》《证券法》”，这样的表述次序，显然与事实不符。这样容易被误认为法律的地位、立法机关的地位不如部门规章、主管行政机关。这就是跨界造成的问题。如果把上市公司、公开发行股票的公司法规范统一“迁移”到证券法体系，就可以避免很多麻烦、困扰、混淆、误解。

值得注意的是，《公司法》（2023 年修订）第 121 条没有使用独立董事这个概念、措辞，但是规定审计委员会过半数成员不得在公司担任除董事以外的其他职务，且不得与公司存在任何可能影响其独立客观判断的关系。这个变化不那么引人注意，却是 2023 年公司法修订的亮点之一。摘取证券法体系中某个概念的实质内容，但不使用这个概念的名称，避免了一个法律概念在两部法律中可能存在的不一致，用这样的技术处理非常巧妙地化解了前述可能存在混淆或误解。如此这般设计出来的新事物，不是独立董事，规则也不是独立董事规则，可以称之为“审计委员董事”“审计委员董事规则”。这两个新名词，足以描述其种属及其特殊性。笔者认为这非常务实，如同律师为一个交易起草不止一组合同时必须时刻关注可能存在的同一个词在不同合同中含义不一致的问题；在多个合同中对同一个词给出不同的定义，是一个解决方法，但一不小心律师自己都容易搞混，更何况客户呢。

公司上市经常被比喻为“鲤鱼跳龙门”，“跳过龙门的鲤鱼”（拟上市公司）已经变为“龙”（上市公司），“飞龙在天”，但是却被认为半个身子还在水（公司法）之中，还是“跨界”，这样的理解是形式与实质不符、必生混乱。用合同思维看，上市公司合同组合中最关键的两个合同《公开发行股票合同》与《上市协议》几乎不受公司法管制，彻底地将上市公司归拢到证券法体系管辖，实现合同与管辖合同的主要法律的完美结合，似乎是有效的解决方案。公司法依然蜻蜓点水般地规定证券法体系早已有之的“特别规定”，或者在某些复杂的局部不得不采用法律引致的立法技术，似乎反映了立法机关内部的协作和分工有待完善。

47

从股份到股票、从公司合同到金融合同

在股份有限公司范畴,存在两个近似并常常被替换使用的概念:股份、股票。所有权思维也即通说认为,股份是实质,“股份的证券化形式是股票,股份的持有在形式上是股票的持有”;“由于股份关系是所有权关系,因此股票的转让意味着所有权的转手”;“股票的交易正是以证券交易形式表现出来的所有权的交换”。〔1〕

股份有限公司是为证券市场所准备的。没上市之前,股份可以被自由转让,但并没有人把股份当作有价证券;股份交易适用公司法、合同法。但当一个股份有限公司成为上市公司以后,股份交易主要适用证券法、合同法,公司法退居其次,甚至不被注意。在证券市场上交易、受证券法规制的股份,几乎只被称为“股票”,很少再提“股份”一词。股票本是股份,从股份到股票的概念转化过程就是所谓的“证券化”。股票是公认的有价证券品种之一。用合同思维看证券化,是为了满足金融市场交易需要,依据证券法、金融法把普通商事合同特殊化,尽量地增加合同的商品属性,减少合同本来的合同属性,尽量让同一行业的股票具有可比性,尽可能地在交易规则设计方面让交易简单化。

股份特殊化为股票,与“股份公司合同”因上市而特殊化为“上市公司合同”是一回事,是同一个公开发行股票并上市行为的结果。公开发行股票并上市行为实质是合同行为,但是由于其中的各种合同规则几乎都被制度化地转化为证券法、证券交易所的各种规则,因此不容易看到其中所使用的合同设计方法、容易忽略其中的合同因素。从合同角度看,不难发现其中所运用的合同特殊化方法,大体包括以下3点:(1)股票转让由股东以背书方式进行就可以,不需要特定的书面法律文件或者合同,股票转让的生效与是否办理公司的股东名册变更没有必然联系;(2)减少合同的

〔1〕 王利明:《论股份制企业所有权的二重结构——与郭锋同志商榷》,载《中国法学》1989年第1期。

相对性,这样债权可以很容易地像动产、商品一样被买卖、转让、质押或抵押;(3)将每个股票底层的公司合同标准化、格式化、法定化,投资者在买卖时不需要顾虑股票底层的合同关系如何,只需要把股票看作标准的金融商品,投资者不需要仔细考量每个上市公司的公司合同就可以进行交易。每个公司的股票上面仿佛都有“金融商品说明书”,提供了判断含金量(价值)的各个要素信息。公司应当在每一会计年度终了时编制财务会计报告,并依法经会计师事务所审计。但是为上市公司提供审计服务的会计师事务所必须具有证券从业资格,也就是要经过证券监管机关对其执业质量的评估认证,以确保审计质量,最终目的是保证投资者能用大体一致的标准判断众多股票的“含金量指标”。这些在严格监管之下精练出来的信息为投资提供了大部分依据。如果这些关键信息发生了变化,上市公司必须及时公告、披露。

经过特殊化改造后,股份这样一个公司合同范畴的概念转化为股票这样一个证券范畴、金融合同范畴的概念。从整体上看合同的变化,会注意到一个主要受公司法规制的“股份公司合同”变成了主要受证券法规制的金融合同、上市公司合同。从投资者角度看,通过一系列证券法范畴的合同特殊化设计、改造,原本自己要缔结、履行的属于商事属性的投资合同演变为金融投资合同。甚至连股东这个公司法基础概念也几乎被投资者这个在证券法范畴耳熟能详、人尽皆知的概念所替代。

除了借款合同和融资租赁合同外,我国合同法几乎没有金融合同这个概念。这在一定程度上影响了人们对股份、股票的认识,看到的是表面、通说的有价证券、金融商品、融资工具等,不容易看到底层隐含的合同规则。

有学者认为,“证券法是合同法的特别法,是广义公司法的组成部分”[1]。这个说法的准确性令人怀疑,容易让人误解股份、股票还是同一个范畴,是可以随意被替换的同义词、概念。证券法的调整对象是设立证券市场、证券市场主体在市场上交易金融商品的行为。虽然证券市场上交易的金融商品绝大部分与公司有关,证券法对股票、公司债券的发行和交易未规定的适用公司法和其他法律、行政法规,但是经过了去公司合同化改造的金融商品的属性与公司合同是否还存在第一性关系令人怀疑;证券法中包含的金融合同、侵权规则等大量的法律规范与公司法毫无关系。笔者认为,《公司法》《证券法》同为《民法典》的特别法,是姊妹法的关系。

---

〔1〕 刘俊海:《公司法学》,北京大学出版社2008年版,第28页。

48

如何理解《公司法》(2023年修订)第4条第2款

《公司法》(2018年修正)

第3条规定:"公司是企业法人,有独立的法人财产,享有法人财产权。公司以其全部财产对公司的债务承担责任。

有限责任公司的股东以其认缴的出资额为限对公司承担责任;股份有限公司的股东以其认购的股份为限对公司承担责任。"

第4条规定:"公司股东依法享有资产收益、参与重大决策和选择管理者等权利。"

《公司法》(2023年修订)

第3条规定:"公司是企业法人,有独立的法人财产,享有法人财产权。公司以其全部财产对公司的债务承担责任。

公司的合法权益受法律保护,不受侵犯。"

第4条规定:"有限责任公司的股东以其认缴的出资额为限对公司承担责任;股份有限公司的股东以其认购的股份为限对公司承担责任。

公司股东对公司依法享有资产收益、参与重大决策和选择管理者等权利。"

通过对比不难发现,《公司法》(2023年修订)在《公司法》(2018年修正)法条上新增加了3个字:"对公司"。没有"对公司"这3个字,《公司法》(2018年修正)法条语义依然通顺,对《公司法》(2018年修正)法条的其他内容一字未改,只增加这3个字,自然有深意,大概率不是普通的语义、语法上的完善,或许意味着立法者在理论思考方面的重大变化。

"享有资产收益"权利,表达的是所有权人(主体)对物(客体)的绝对支配,是物权的主要特征。在公司范畴使用这个表述,表达的意思似乎是,股东作为所有权人对其拥有的资产产生的收益享有权利。公司更像是标的物一样的存在,被股东所

“拥有”。这个表述的问题在于,公司对资产享有所有权(法人财产权),股东并不拥有公司的资产,股东不能对他人所有的客体享有绝对支配权(包含收益权)。资产被用在此处或不恰当。加上“对公司”这个状语,似乎可以解决这个问题,也即股东享有收益权的客体是公司;换言之,就是股东对公司享有收益权。公司到底是所有权的主体,还是所有权的客体?把第3条与第4条结合起来,似乎可以发现存在矛盾。

《民法典》第二编(物权)第二分编(所有权)第五章(国家所有权和集体所有权、私人所有权)第268条规定,国家、集体和私人所有的不动产或者动产投到企业的,由出资人按照约定或者出资比例享有资产收益、重大决策以及选择经营管理者等权利并履行义务。把这个法条与《公司法》(2018年修正)第4条、《公司法》(2023年修订)第4条第2款对比,可以发现两个重大差异:

(1)《民法典》第268条把履行义务和享有收益相提并论,而《公司法》(2018年修正)第4条、《公司法》(2023年修订)第4条第2款都没有“履行义务”的内容。

(2)《民法典》第268条突出了“按照约定享有”这个条件或者说前提。所谓约定就是合同约定;享有收益、履行义务都是以把不动产或动产投到企业的那个合同为依据。《公司法》(2018年修正)第4条、《公司法》(2023年修订)第4条第2款都略去了“按照约定”这个合同色彩鲜明的表述,代之以“依法”。

值得注意的是,《民法典》第一编(总则)第五章(民事权利)第125条规定:“民事主体依法享有股权和其他投资性权利。”《民法典》第268条所在位置是在法典的第二编(物权),但是该条内容没有明确地规定出资人(包括股东在内)享有的权利性质是物权(所有权),反而清晰地写明出资人(包括股东在内)的权利和义务的依据是有关投资的合同约定。

用合同思维看前述法律规定,会比用其他视角更加敏感地意识到,《公司法》的立法者似乎在淡化股东权利的合同属性。但是这个工作难度很大。《公司法》(2023年修订)第4条第2款的第二个内容是股东“参与重大决策”的权利。需要注意的是,“负责”公司重大决策,“参与”公司重大决策,一字之差,可以导致性质不同。如果该条款第一个内容试图表达所有权的绝对支配特征,那么第二个内容反而弱化了该特征。如果不弱化,很容易与第三条形成鲜明对比,股东负责公司重大决策,公司又如何是独立法人呢?股东负责的重大决策产生的债务,为什么不应该由股东负责而是公司独自负责呢?既然不是绝对地负责,而是部分地参与,这个参与权利的依据是什么呢?与其他参与方的关系依靠什么来决定呢?这不得不必须回到合同范畴才能合理解释。《公司法》(2023 年修订)第 4 条第 2 款的第三个内容是“选择管理者”的权利。既然能选择公司管理者,也能参与公司重大决策,那么股东与其选择的管理者在公司管理上一定存在约定,这个约定决定了股东只能参与,不能绝对负责。所有权范畴中权利主体失去了对客体的直接占有、使用的权利,绝对支配的意味几乎没有了。于是必然又得回到合同范畴,用合同权利来解释。

49

用合同视角来解释“什么是公司”

什么是公司？不同学者给出的答案有不同的侧重点。范健、王建文在《公司法》中对此的总结是：“在我国，由于学理上对公司的概念认识不尽一致，学者在对公司的特征作学理归纳时也存在一些不同的看法，主要有三性说、四性说和五性说。但若仔细研究，就会发现，这些各式各样的公司特征的归纳，实质上只存在认识角度上的细微差异，而没有关系到公司内涵与本质属性的认识分歧。”[1] 中国的公司，依照中国公司法在中国境内设立，以营利为目的，是《民法典》所规定的营利法人；股东出资设立公司，完成出资后股东对公司债务不承担责任；公司有独立的财产、独立承担责任，以其全部财产对公司债务承担责任。[2] 对于这些特征，中国公司法学界基本上没有争议。西方法律经济学家提出的“公司集束说”，没有得到中国公司法学界的普遍认同。

“公司集束说”侧重经济分析，并没有用合同理论全面地诠释现有的公司法则，没有真正地呈现集束中各个合同的“面貌”，因而没有在合同层面解决“什么是公司”这个问题，反而提出了“捏造的合同”的说法、削弱了自己的主张。本书以“公司集束说”为逻辑基础，尝试用合同思维分析，用实务视角看公司，力争较为系统地把公司合同组合从整体到各个合同细节进行梳理，呈现出真实存在的合同、合同行为，具体分析这些合同规则、合同行为的关系、功能。公司是共同合同行为人用公司真实的合同组合构建出来的既真实又虚拟的一个实体。[3] 虚拟，在于无论如何拟制，

---

〔1〕 范健、王建文：《公司法》，法律出版社2011年版，第17页。

〔2〕 参见范健、王建文：《公司法》，法律出版社2011年版，第13页；王保树、崔勤之：《中国公司法原理》，社会科学文献出版社2006年版，第33～36页。

〔3〕 参见王利明：《论合同法组织经济的功能》，载《中外法学》2017年第1期；韩长印：《共同法律行为理论的初步构建——以公司设立为分析对象》，载《中国法学》2009年第3期。

不论法律如何承认，公司都是“它”，不是真人；真实，在于合同都是真实存在的、并非捏造的，合同行为人都是具体的、真实的，拟制公司的合同行为都是真实的。通过分析可以证成前述观点。

在本书的最后，笔者斗胆尝试回答这个经典的公司法问题。什么是公司？笔者认为，公司是股东、董事等共同合同行为人通过缔结《出资合同》构建财产权基础，通过缔结《董事会合同》构建管理枢纽和中心，并由这两个合同与其他附属性合同有机组合在一起构建的、被国家承认的营利性商业组织。

主要参考文献

1. 王利明:《论合同法组织经济的功能》,载《中外法学》2017 年第 1 期。

2. 林少伟:《英国现代公司法》,中国法制出版社 2015 年版。

3. 范健、王建文:《公司法》,法律出版社 2011 年版。

4. [德]托马斯·莱塞尔、吕迪格·法伊尔:《德国资合公司法》,高旭军等译,上海人民出版社 2019 年版。

5. [美]弗兰克·伊斯特布鲁克、丹尼尔·费希尔:《公司法的经济结构》,张建伟、罗培新译,北京大学出版社 2005 年版。

6. 王保树、崔勤之:《中国公司法原理》,社会科学文献出版社 2006 年版。

7. 江平、虞政平:《中美有限责任公司比较研究》,载梁治平编:《法治在中国:制度、话语与实践》,中国政法大学出版社 2002 年版。

8. [日]大塚久雄:《股份公司发展史论》,胡企林等译,中国人民大学出版社 2002 年版。

9. [英]罗纳德·拉尔夫·费尔摩里:《现代公司法之历史渊源》,虞政平译,法律出版社 2007 年版。

10. [荷兰]费莫·西蒙·伽士特拉:《荷兰东印度公司》,倪文君译,东方出版中心 2011 年版。

11. [日] 上村达男:《公司法改革——公开股份公司法的构想(中日文对照本)》,中国证券监督管理委员会组织编译,法律出版社 2015 年版。

附录　中华人民共和国公司法

（1993年12月29日第八届全国人民代表大会常务委员会第五次会议通过　根据1999年12月25日第九届全国人民代表大会常务委员会第十三次会议《关于修改〈中华人民共和国公司法〉的决定》第一次修正　根据2004年8月28日第十届全国人民代表大会常务委员会第十一次会议《关于修改〈中华人民共和国公司法〉的决定》第二次修正　2005年10月27日第十届全国人民代表大会常务委员会第十八次会议第一次修订　根据2013年12月28日第十二届全国人民代表大会常务委员会第六次会议《关于修改〈中华人民共和国海洋环境保护法〉等七部法律的决定》第三次修正　根据2018年10月26日第十三届全国人民代表大会常务委员会第六次会议《关于修改〈中华人民共和国公司法〉的决定》第四次修正　2023年12月29日第十四届全国人民代表大会常务委员会第七次会议第二次修订）

目　　录

第一章 总 则

第一条 为了规范公司的组织和行为,保护公司、股东、职工和债权人的合法权益,完善中国特色现代企业制度,弘扬企业家精神,维护社会经济秩序,促进社会主义市场经济的发展,根据宪法,制定本法。

第二条 本法所称公司,是指依照本法在中华人民共和国境内设立的有限责任公司和股份有限公司。

第三条 公司是企业法人,有独立的法人财产,享有法人财产权。公司以其全部财产对公司的债务承担责任。

公司的合法权益受法律保护,不受侵犯。

第四条 有限责任公司的股东以其认缴的出资额为限对公司承担责任;股份有限公司的股东以其认购的股份为限对公司承担责任。

公司股东对公司依法享有资产收益、参与重大决策和选择管理者等权利。

第五条 设立公司应当依法制定公司章程。公司章程对公司、股东、董事、监事、高级管理人员具有约束力。

第六条 公司应当有自己的名称。公司名称应当符合国家有关规定。

公司的名称权受法律保护。

第七条　依照本法设立的有限责任公司，应当在公司名称中标明有限责任公司或者有限公司字样。

依照本法设立的股份有限公司，应当在公司名称中标明股份有限公司或者股份公司字样。

第八条　公司以其主要办事机构所在地为住所。

第九条　公司的经营范围由公司章程规定。公司可以修改公司章程，变更经营范围。

公司的经营范围中属于法律、行政法规规定须经批准的项目，应当依法经过批准。

第十条　公司的法定代表人按照公司章程的规定，由代表公司执行公司事务的董事或者经理担任。

担任法定代表人的董事或者经理辞任的，视为同时辞去法定代表人。

法定代表人辞任的，公司应当在法定代表人辞任之日起三十日内确定新的法定代表人。

第十一条　法定代表人以公司名义从事的民事活动，其法律后果由公司承受。

公司章程或者股东会对法定代表人职权的限制，不得对抗善意相对人。

法定代表人因执行职务造成他人损害的，由公司承担民事责任。公司承担民事责任后，依照法律或者公司章程的规定，可以向有过错的法定代表人追偿。

第十二条　有限责任公司变更为股份有限公司，应当符合本法规定的股份有限公司的条件。股份有限公司变更为有限责任公司，应当符合本法规定的有限责任公司的条件。

有限责任公司变更为股份有限公司的，或者股份有限公司变更为有限责任公司的，公司变更前的债权、债务由变更后的公司承继。

第十三条　公司可以设立子公司。子公司具有法人资格，依法独立承担民事责任。

公司可以设立分公司。分公司不具有法人资格，其民事责任由公司承担。

第十四条　公司可以向其他企业投资。

法律规定公司不得成为对所投资企业的债务承担连带责任的出资人的，从其规定。

第十五条　公司向其他企业投资或者为他人提供担保，按照公司章程的规定，由董事会或者股东会决议;公司章程对投资或者担保的总额及单项投资或者担保的数额有限额规定的,不得超过规定的限额。

公司为公司股东或者实际控制人提供担保的,应当经股东会决议。

前款规定的股东或者受前款规定的实际控制人支配的股东,不得参加前款规定事项的表决。该项表决由出席会议的其他股东所持表决权的过半数通过。

第十六条 公司应当保护职工的合法权益,依法与职工签订劳动合同,参加社会保险,加强劳动保护,实现安全生产。

公司应当采用多种形式,加强公司职工的职业教育和岗位培训,提高职工素质。

第十七条 公司职工依照《中华人民共和国工会法》组织工会,开展工会活动,维护职工合法权益。公司应当为本公司工会提供必要的活动条件。公司工会代表职工就职工的劳动报酬、工作时间、休息休假、劳动安全卫生和保险福利等事项依法与公司签订集体合同。

公司依照宪法和有关法律的规定,建立健全以职工代表大会为基本形式的民主管理制度,通过职工代表大会或者其他形式,实行民主管理。

公司研究决定改制、解散、申请破产以及经营方面的重大问题、制定重要的规章制度时,应当听取公司工会的意见,并通过职工代表大会或者其他形式听取职工的意见和建议。

第十八条 在公司中,根据中国共产党章程的规定,设立中国共产党的组织,开展党的活动。公司应当为党组织的活动提供必要条件。

第十九条 公司从事经营活动,应当遵守法律法规,遵守社会公德、商业道德,诚实守信,接受政府和社会公众的监督。

第二十条 公司从事经营活动,应当充分考虑公司职工、消费者等利益相关者的利益以及生态环境保护等社会公共利益,承担社会责任。

国家鼓励公司参与社会公益活动,公布社会责任报告。

第二十一条 公司股东应当遵守法律、行政法规和公司章程,依法行使股东权利,不得滥用股东权利损害公司或者其他股东的利益。

公司股东滥用股东权利给公司或者其他股东造成损失的,应当承担赔偿责任。

第二十二条 公司的控股股东、实际控制人、董事、监事、高级管理人员不得利用关联关系损害公司利益。

违反前款规定,给公司造成损失的,应当承担赔偿责任。

第二十三条　公司股东滥用公司法人独立地位和股东有限责任，逃避债务，严重损害公司债权人利益的，应当对公司债务承担连带责任。

股东利用其控制的两个以上公司实施前款规定行为的，各公司应当对任一公司的债务承担连带责任。

只有一个股东的公司，股东不能证明公司财产独立于股东自己的财产的，应当对公司债务承担连带责任。

第二十四条　公司股东会、董事会、监事会召开会议和表决可以采用电子通信方式，公司章程另有规定的除外。

第二十五条　公司股东会、董事会的决议内容违反法律、行政法规的无效。

第二十六条　公司股东会、董事会的会议召集程序、表决方式违反法律、行政法规或者公司章程，或者决议内容违反公司章程的，股东自决议作出之日起六十日内，可以请求人民法院撤销。但是，股东会、董事会的会议召集程序或者表决方式仅有轻微瑕疵，对决议未产生实质影响的除外。

未被通知参加股东会会议的股东自知道或者应当知道股东会决议作出之日起六十日内，可以请求人民法院撤销；自决议作出之日起一年内没有行使撤销权的，撤销权消灭。

第二十七条　有下列情形之一的，公司股东会、董事会的决议不成立：

（一）未召开股东会、董事会会议作出决议；

（二）股东会、董事会会议未对决议事项进行表决；

（三）出席会议的人数或者所持表决权数未达到本法或者公司章程规定的人数或者所持表决权数；

（四）同意决议事项的人数或者所持表决权数未达到本法或者公司章程规定的人数或者所持表决权数。

第二十八条　公司股东会、董事会决议被人民法院宣告无效、撤销或者确认不成立的，公司应当向公司登记机关申请撤销根据该决议已办理的登记。

股东会、董事会决议被人民法院宣告无效、撤销或者确认不成立的，公司根据该决议与善意相对人形成的民事法律关系不受影响。

第二章　公司登记

第二十九条　设立公司，应当依法向公司登记机关申请设立登记。

法律、行政法规规定设立公司必须报经批准的，应当在公司登记前依法办理批准手续。

第三十条 申请设立公司，应当提交设立登记申请书、公司章程等文件，提交的相关材料应当真实、合法和有效。

申请材料不齐全或者不符合法定形式的，公司登记机关应当一次性告知需要补正的材料。

第三十一条 申请设立公司，符合本法规定的设立条件的，由公司登记机关分别登记为有限责任公司或者股份有限公司；不符合本法规定的设立条件的，不得登记为有限责任公司或者股份有限公司。

第三十二条 公司登记事项包括：

（一）名称；

（二）住所；

（三）注册资本；

（四）经营范围；

（五）法定代表人的姓名；

（六）有限责任公司股东、股份有限公司发起人的姓名或者名称。

公司登记机关应当将前款规定的公司登记事项通过国家企业信用信息公示系统向社会公示。

第三十三条 依法设立的公司，由公司登记机关发给公司营业执照。公司营业执照签发日期为公司成立日期。

公司营业执照应当载明公司的名称、住所、注册资本、经营范围、法定代表人姓名等事项。

公司登记机关可以发给电子营业执照。电子营业执照与纸质营业执照具有同等法律效力。

第三十四条 公司登记事项发生变更的，应当依法办理变更登记。

公司登记事项未经登记或者未经变更登记，不得对抗善意相对人。

第三十五条 公司申请变更登记，应当向公司登记机关提交公司法定代表人签署的变更登记申请书、依法作出的变更决议或者决定等文件。

公司变更登记事项涉及修改公司章程的，应当提交修改后的公司章程。

公司变更法定代表人的，变更登记申请书由变更后的法定代表人签署。

第三十六条　公司营业执照记载的事项发生变更的，公司办理变更登记后，由公司登记机关换发营业执照。

第三十七条　公司因解散、被宣告破产或者其他法定事由需要终止的，应当依法向公司登记机关申请注销登记，由公司登记机关公告公司终止。

第三十八条　公司设立分公司，应当向公司登记机关申请登记，领取营业执照。

第三十九条　虚报注册资本、提交虚假材料或者采取其他欺诈手段隐瞒重要事实取得公司设立登记的，公司登记机关应当依照法律、行政法规的规定予以撤销。

第四十条　公司应当按照规定通过国家企业信用信息公示系统公示下列事项：

（一）有限责任公司股东认缴和实缴的出资额、出资方式和出资日期，股份有限公司发起人认购的股份数；

（二）有限责任公司股东、股份有限公司发起人的股权、股份变更信息；

（三）行政许可取得、变更、注销等信息；

（四）法律、行政法规规定的其他信息。

公司应当确保前款公示信息真实、准确、完整。

第四十一条　公司登记机关应当优化公司登记办理流程，提高公司登记效率，加强信息化建设，推行网上办理等便捷方式，提升公司登记便利化水平。

国务院市场监督管理部门根据本法和有关法律、行政法规的规定，制定公司登记注册的具体办法。

第三章　有限责任公司的设立和组织机构

第一节　设　　立

第四十二条　有限责任公司由一个以上五十个以下股东出资设立。

第四十三条　有限责任公司设立时的股东可以签订设立协议，明确各自在公司设立过程中的权利和义务。

第四十四条　有限责任公司设立时的股东为设立公司从事的民事活动，其法律后果由公司承受。

公司未成立的，其法律后果由公司设立时的股东承受；设立时的股东为二人以上的，享有连带债权，承担连带债务。

设立时的股东为设立公司以自己的名义从事民事活动产生的民事责任，第三人有权选择请求公司或者公司设立时的股东承担。

设立时的股东因履行公司设立职责造成他人损害的,公司或者无过错的股东承担赔偿责任后,可以向有过错的股东追偿。

第四十五条 设立有限责任公司,应当由股东共同制定公司章程。

第四十六条 有限责任公司章程应当载明下列事项:

(一)公司名称和住所;

(二)公司经营范围;

(三)公司注册资本;

(四)股东的姓名或者名称;

(五)股东的出资额、出资方式和出资日期;

(六)公司的机构及其产生办法、职权、议事规则;

(七)公司法定代表人的产生、变更办法;

(八)股东会认为需要规定的其他事项。

股东应当在公司章程上签名或者盖章。

第四十七条 有限责任公司的注册资本为在公司登记机关登记的全体股东认缴的出资额。全体股东认缴的出资额由股东按照公司章程的规定自公司成立之日起五年内缴足。

法律、行政法规以及国务院决定对有限责任公司注册资本实缴、注册资本最低限额、股东出资期限另有规定的,从其规定。

第四十八条 股东可以用货币出资,也可以用实物、知识产权、土地使用权、股权、债权等可以用货币估价并可以依法转让的非货币财产作价出资;但是,法律、行政法规规定不得作为出资的财产除外。

对作为出资的非货币财产应当评估作价,核实财产,不得高估或者低估作价。法律、行政法规对评估作价有规定的,从其规定。

第四十九条 股东应当按期足额缴纳公司章程规定的各自所认缴的出资额。

股东以货币出资的,应当将货币出资足额存入有限责任公司在银行开设的账户;以非货币财产出资的,应当依法办理其财产权的转移手续。

股东未按期足额缴纳出资的,除应当向公司足额缴纳外,还应当对给公司造成的损失承担赔偿责任。

第五十条 有限责任公司设立时,股东未按照公司章程规定实际缴纳出资,或者实际出资的非货币财产的实际价额显著低于所认缴的出资额的，设立时的其他股东与该股东在出资不足的范围内承担连带责任。

第五十一条　有限责任公司成立后，董事会应当对股东的出资情况进行核查，发现股东未按期足额缴纳公司章程规定的出资的，应当由公司向该股东发出书面催缴书，催缴出资。

未及时履行前款规定的义务，给公司造成损失的，负有责任的董事应当承担赔偿责任。

第五十二条　股东未按照公司章程规定的出资日期缴纳出资，公司依照前条第一款规定发出书面催缴书催缴出资的，可以载明缴纳出资的宽限期；宽限期自公司发出催缴书之日起，不得少于六十日。宽限期届满，股东仍未履行出资义务的，公司经董事会决议可以向该股东发出失权通知，通知应当以书面形式发出。自通知发出之日起，该股东丧失其未缴纳出资的股权。

依照前款规定丧失的股权应当依法转让，或者相应减少注册资本并注销该股权；六个月内未转让或者注销的，由公司其他股东按照其出资比例足额缴纳相应出资。

股东对失权有异议的，应当自接到失权通知之日起三十日内，向人民法院提起诉讼。

第五十三条　公司成立后，股东不得抽逃出资。

违反前款规定的，股东应当返还抽逃的出资；给公司造成损失的，负有责任的董事、监事、高级管理人员应当与该股东承担连带赔偿责任。

第五十四条　公司不能清偿到期债务的，公司或者已到期债权的债权人有权要求已认缴出资但未届出资期限的股东提前缴纳出资。

第五十五条　有限责任公司成立后，应当向股东签发出资证明书，记载下列事项：

（一）公司名称；

（二）公司成立日期；

（三）公司注册资本；

（四）股东的姓名或者名称、认缴和实缴的出资额、出资方式和出资日期；

（五）出资证明书的编号和核发日期。

出资证明书由法定代表人签名，并由公司盖章。

第五十六条 有限责任公司应当置备股东名册，记载下列事项：

（一）股东的姓名或者名称及住所；

（二）股东认缴和实缴的出资额、出资方式和出资日期；

（三）出资证明书编号；

（四）取得和丧失股东资格的日期。

记载于股东名册的股东，可以依股东名册主张行使股东权利。

第五十七条 股东有权查阅、复制公司章程、股东名册、股东会会议记录、董事会会议决议、监事会会议决议和财务会计报告。

股东可以要求查阅公司会计账簿、会计凭证。股东要求查阅公司会计账簿、会计凭证的，应当向公司提出书面请求，说明目的。公司有合理根据认为股东查阅会计账簿、会计凭证有不正当目的，可能损害公司合法利益的，可以拒绝提供查阅，并应当自股东提出书面请求之日起十五日内书面答复股东并说明理由。公司拒绝提供查阅的，股东可以向人民法院提起诉讼。

股东查阅前款规定的材料，可以委托会计师事务所、律师事务所等中介机构进行。

股东及其委托的会计师事务所、律师事务所等中介机构查阅、复制有关材料，应当遵守有关保护国家秘密、商业秘密、个人隐私、个人信息等法律、行政法规的规定。

股东要求查阅、复制公司全资子公司相关材料的，适用前四款的规定。

第二节 组织机构

第五十八条 有限责任公司股东会由全体股东组成。股东会是公司的权力机构，依照本法行使职权。

第五十九条 股东会行使下列职权：

（一）选举和更换董事、监事，决定有关董事、监事的报酬事项；

（二）审议批准董事会的报告；

（三）审议批准监事会的报告；

（四）审议批准公司的利润分配方案和弥补亏损方案；

（五）对公司增加或者减少注册资本作出决议；

（六）对发行公司债券作出决议；

（七）对公司合并、分立、解散、清算或者变更公司形式作出决议；

（八）修改公司章程；

（九）公司章程规定的其他职权。

股东会可以授权董事会对发行公司债券作出决议。

对本条第一款所列事项股东以书面形式一致表示同意的，可以不召开股东会会议，直接作出决定，并由全体股东在决定文件上签名或者盖章。

第六十条　只有一个股东的有限责任公司不设股东会。股东作出前条第一款所列事项的决定时，应当采用书面形式，并由股东签名或者盖章后置备于公司。

第六十一条　首次股东会会议由出资最多的股东召集和主持，依照本法规定行使职权。

第六十二条　股东会会议分为定期会议和临时会议。

定期会议应当按照公司章程的规定按时召开。代表十分之一以上表决权的股东、三分之一以上的董事或者监事会提议召开临时会议的，应当召开临时会议。

第六十三条　股东会会议由董事会召集，董事长主持；董事长不能履行职务或者不履行职务的，由副董事长主持；副董事长不能履行职务或者不履行职务的，由过半数的董事共同推举一名董事主持。

董事会不能履行或者不履行召集股东会会议职责的，由监事会召集和主持；监事会不召集和主持的，代表十分之一以上表决权的股东可以自行召集和主持。

第六十四条　召开股东会会议，应当于会议召开十五日前通知全体股东；但是，公司章程另有规定或者全体股东另有约定的除外。

股东会应当对所议事项的决定作成会议记录，出席会议的股东应当在会议记录上签名或者盖章。

第六十五条　股东会会议由股东按照出资比例行使表决权；但是，公司章程另有规定的除外。

第六十六条　股东会的议事方式和表决程序，除本法有规定的外，由公司章程规定。

股东会作出决议，应当经代表过半数表决权的股东通过。

股东会作出修改公司章程、增加或者减少注册资本的决议，以及公司合并、分立、解散或者变更公司形式的决议，应当经代表三分之二以上表决权的股东通过。

第六十七条　有限责任公司设董事会，本法第七十五条另有规定的除外。

董事会行使下列职权：

（一）召集股东会会议，并向股东会报告工作；

（二）执行股东会的决议；

（三）决定公司的经营计划和投资方案；

（四）制订公司的利润分配方案和弥补亏损方案；

（五）制订公司增加或者减少注册资本以及发行公司债券的方案；

（六）制订公司合并、分立、解散或者变更公司形式的方案；

（七）决定公司内部管理机构的设置；

（八）决定聘任或者解聘公司经理及其报酬事项，并根据经理的提名决定聘任或者解聘公司副经理、财务负责人及其报酬事项；

（九）制定公司的基本管理制度；

（十）公司章程规定或者股东会授予的其他职权。

公司章程对董事会职权的限制不得对抗善意相对人。

第六十八条 有限责任公司董事会成员为三人以上，其成员中可以有公司职工代表。职工人数三百人以上的有限责任公司，除依法设监事会并有公司职工代表的外，其董事会成员中应当有公司职工代表。董事会中的职工代表由公司职工通过职工代表大会、职工大会或者其他形式民主选举产生。

董事会设董事长一人，可以设副董事长。董事长、副董事长的产生办法由公司章程规定。

第六十九条 有限责任公司可以按照公司章程的规定在董事会中设置由董事组成的审计委员会，行使本法规定的监事会的职权，不设监事会或者监事。公司董事会成员中的职工代表可以成为审计委员会成员。

第七十条 董事任期由公司章程规定，但每届任期不得超过三年。董事任期届满，连选可以连任。

董事任期届满未及时改选，或者董事在任期内辞任导致董事会成员低于法定人数的，在改选出的董事就任前，原董事仍应当依照法律、行政法规和公司章程的规定，履行董事职务。

董事辞任的，应当以书面形式通知公司，公司收到通知之日辞任生效，但存在前款规定情形的，董事应当继续履行职务。

第七十一条 股东会可以决议解任董事，决议作出之日解任生效。

无正当理由，在任期届满前解任董事的，该董事可以要求公司予以赔偿。

第七十二条　董事会会议由董事长召集和主持;董事长不能履行职务或者不履行职务的,由副董事长召集和主持;副董事长不能履行职务或者不履行职务的,由过半数的董事共同推举一名董事召集和主持。

第七十三条　董事会的议事方式和表决程序,除本法有规定的外,由公司章程规定。

董事会会议应当有过半数的董事出席方可举行。董事会作出决议,应当经全体董事的过半数通过。

董事会决议的表决,应当一人一票。

董事会应当对所议事项的决定作成会议记录,出席会议的董事应当在会议记录上签名。

第七十四条　有限责任公司可以设经理,由董事会决定聘任或者解聘。

经理对董事会负责,根据公司章程的规定或者董事会的授权行使职权。经理列席董事会会议。

第七十五条　规模较小或者股东人数较少的有限责任公司,可以不设董事会,设一名董事,行使本法规定的董事会的职权。该董事可以兼任公司经理。

第七十六条　有限责任公司设监事会,本法第六十九条、第八十三条另有规定的除外。

监事会成员为三人以上。监事会成员应当包括股东代表和适当比例的公司职工代表,其中职工代表的比例不得低于三分之一,具体比例由公司章程规定。监事会中的职工代表由公司职工通过职工代表大会、职工大会或者其他形式民主选举产生。

监事会设主席一人,由全体监事过半数选举产生。监事会主席召集和主持监事会会议;监事会主席不能履行职务或者不履行职务的,由过半数的监事共同推举一名监事召集和主持监事会会议。

董事、高级管理人员不得兼任监事。

第七十七条　监事的任期每届为三年。监事任期届满,连选可以连任。

监事任期届满未及时改选,或者监事在任期内辞任导致监事会成员低于法定人数的,在改选出的监事就任前,原监事仍应当依照法律、行政法规和公司章程的规定,履行监事职务。

第七十八条　监事会行使下列职权:

（一）检查公司财务；

（二）对董事、高级管理人员执行职务的行为进行监督，对违反法律、行政法规、公司章程或者股东会决议的董事、高级管理人员提出解任的建议；

（三）当董事、高级管理人员的行为损害公司的利益时，要求董事、高级管理人员予以纠正；

（四）提议召开临时股东会会议，在董事会不履行本法规定的召集和主持股东会会议职责时召集和主持股东会会议；

（五）向股东会会议提出提案；

（六）依照本法第一百八十九条的规定，对董事、高级管理人员提起诉讼；

（七）公司章程规定的其他职权。

第七十九条　监事可以列席董事会会议，并对董事会决议事项提出质询或者建议。

监事会发现公司经营情况异常，可以进行调查；必要时，可以聘请会计师事务所等协助其工作，费用由公司承担。

第八十条　监事会可以要求董事、高级管理人员提交执行职务的报告。

董事、高级管理人员应当如实向监事会提供有关情况和资料，不得妨碍监事会或者监事行使职权。

第八十一条　监事会每年度至少召开一次会议，监事可以提议召开临时监事会会议。

监事会的议事方式和表决程序，除本法有规定的外，由公司章程规定。

监事会决议应当经全体监事的过半数通过。

监事会决议的表决，应当一人一票。

监事会应当对所议事项的决定作成会议记录，出席会议的监事应当在会议记录上签名。

第八十二条　监事会行使职权所必需的费用，由公司承担。

第八十三条　规模较小或者股东人数较少的有限责任公司，可以不设监事会，设一名监事，行使本法规定的监事会的职权；经全体股东一致同意，也可以不设监事。

第四章　有限责任公司的股权转让

第八十四条　有限责任公司的股东之间可以相互转让其全部或者部分股权。

股东向股东以外的人转让股权的，应当将股权转让的数量、价格、支付方式和期限等事项书面通知其他股东，其他股东在同等条件下有优先购买权。股东自接到书面通知之日起三十日内未答复的，视为放弃优先购买权。两个以上股东行使优先购买权的，协商确定各自的购买比例；协商不成的，按照转让时各自的出资比例行使优先购买权。

公司章程对股权转让另有规定的，从其规定。

第八十五条　人民法院依照法律规定的强制执行程序转让股东的股权时，应当通知公司及全体股东，其他股东在同等条件下有优先购买权。其他股东自人民法院通知之日起满二十日不行使优先购买权的，视为放弃优先购买权。

第八十六条　股东转让股权的，应当书面通知公司，请求变更股东名册；需要办理变更登记的，并请求公司向公司登记机关办理变更登记。公司拒绝或者在合理期限内不予答复的，转让人、受让人可以依法向人民法院提起诉讼。

股权转让的，受让人自记载于股东名册时起可以向公司主张行使股东权利。

第八十七条　依照本法转让股权后，公司应当及时注销原股东的出资证明书，向新股东签发出资证明书，并相应修改公司章程和股东名册中有关股东及其出资额的记载。对公司章程的该项修改不需再由股东会表决。

第八十八条　股东转让已认缴出资但未届出资期限的股权的，由受让人承担缴纳该出资的义务；受让人未按期足额缴纳出资的，转让人对受让人未按期缴纳的出资承担补充责任。

未按照公司章程规定的出资日期缴纳出资或者作为出资的非货币财产的实际价额显著低于所认缴的出资额的股东转让股权的，转让人与受让人在出资不足的范围内承担连带责任；受让人不知道且不应当知道存在上述情形的，由转让人承担责任。

第八十九条　有下列情形之一的，对股东会该项决议投反对票的股东可以请求公司按照合理的价格收购其股权：

（一）公司连续五年不向股东分配利润，而公司该五年连续盈利，并且符合本法规定的分配利润条件；

（二）公司合并、分立、转让主要财产；

（三）公司章程规定的营业期限届满或者章程规定的其他解散事由出现，股东会通过决议修改章程使公司存续。

自股东会决议作出之日起六十日内，股东与公司不能达成股权收购协议的，股东可以自股东会决议作出之日起九十日内向人民法院提起诉讼。

公司的控股股东滥用股东权利，严重损害公司或者其他股东利益的，其他股东有权请求公司按照合理的价格收购其股权。

公司因本条第一款、第三款规定的情形收购的本公司股权，应当在六个月内依法转让或者注销。

第九十条 自然人股东死亡后，其合法继承人可以继承股东资格；但是，公司章程另有规定的除外。

第五章 股份有限公司的设立和组织机构

第一节 设 立

第九十一条 设立股份有限公司，可以采取发起设立或者募集设立的方式。

发起设立，是指由发起人认购设立公司时应发行的全部股份而设立公司。

募集设立，是指由发起人认购设立公司时应发行股份的一部分，其余股份向特定对象募集或者向社会公开募集而设立公司。

第九十二条 设立股份有限公司，应当有一人以上二百人以下为发起人，其中应当有半数以上的发起人在中华人民共和国境内有住所。

第九十三条 股份有限公司发起人承担公司筹办事务。

发起人应当签订发起人协议，明确各自在公司设立过程中的权利和义务。

第九十四条 设立股份有限公司，应当由发起人共同制订公司章程。

第九十五条 股份有限公司章程应当载明下列事项：

（一）公司名称和住所；

（二）公司经营范围；

（三）公司设立方式；

（四）公司注册资本、已发行的股份数和设立时发行的股份数，面额股的每股金额；

（五）发行类别股的，每一类别股的股份数及其权利和义务；

（六）发起人的姓名或者名称、认购的股份数、出资方式；

（七）董事会的组成、职权和议事规则；

(八)公司法定代表人的产生、变更办法;

(九)监事会的组成、职权和议事规则;

(十)公司利润分配办法;

(十一)公司的解散事由与清算办法;

(十二)公司的通知和公告办法;

(十三)股东会认为需要规定的其他事项。

第九十六条 股份有限公司的注册资本为在公司登记机关登记的已发行股份的股本总额。在发起人认购的股份缴足前,不得向他人募集股份。

法律、行政法规以及国务院决定对股份有限公司注册资本最低限额另有规定的,从其规定。

第九十七条 以发起设立方式设立股份有限公司的,发起人应当认足公司章程规定的公司设立时应发行的股份。

以募集设立方式设立股份有限公司的,发起人认购的股份不得少于公司章程规定的公司设立时应发行股份总数的百分之三十五;但是,法律、行政法规另有规定的,从其规定。

第九十八条 发起人应当在公司成立前按照其认购的股份全额缴纳股款。

发起人的出资,适用本法第四十八条、第四十九条第二款关于有限责任公司股东出资的规定。

第九十九条 发起人不按照其认购的股份缴纳股款,或者作为出资的非货币财产的实际价额显著低于所认购的股份的,其他发起人与该发起人在出资不足的范围内承担连带责任。

第一百条 发起人向社会公开募集股份,应当公告招股说明书,并制作认股书。认股书应当载明本法第一百五十四条第二款、第三款所列事项,由认股人填写认购的股份数、金额、住所,并签名或者盖章。认股人应当按照所认购股份足额缴纳股款。

第一百零一条 向社会公开募集股份的股款缴足后,应当经依法设立的验资机构验资并出具证明。

第一百零二条 股份有限公司应当制作股东名册并置备于公司。股东名册应当记载下列事项:

(一)股东的姓名或者名称及住所;

（二）各股东所认购的股份种类及股份数；

（三）发行纸面形式的股票的，股票的编号；

（四）各股东取得股份的日期。

第一百零三条 募集设立股份有限公司的发起人应当自公司设立时应发行股份的股款缴足之日起三十日内召开公司成立大会。发起人应当在成立大会召开十五日前将会议日期通知各认股人或者予以公告。成立大会应当有持有表决权过半数的认股人出席，方可举行。

以发起设立方式设立股份有限公司成立大会的召开和表决程序由公司章程或者发起人协议规定。

第一百零四条 公司成立大会行使下列职权：

（一）审议发起人关于公司筹办情况的报告；

（二）通过公司章程；

（三）选举董事、监事；

（四）对公司的设立费用进行审核；

（五）对发起人非货币财产出资的作价进行审核；

（六）发生不可抗力或者经营条件发生重大变化直接影响公司设立的，可以作出不设立公司的决议。

成立大会对前款所列事项作出决议，应当经出席会议的认股人所持表决权过半数通过。

第一百零五条 公司设立时应发行的股份未募足，或者发行股份的股款缴足后，发起人在三十日内未召开成立大会的，认股人可以按照所缴股款并加算银行同期存款利息，要求发起人返还。

发起人、认股人缴纳股款或者交付非货币财产出资后，除未按期募足股份、发起人未按期召开成立大会或者成立大会决议不设立公司的情形外，不得抽回其股本。

第一百零六条 董事会应当授权代表，于公司成立大会结束后三十日内向公司登记机关申请设立登记。

第一百零七条 本法第四十四条、第四十九条第三款、第五十一条、第五十二条、第五十三条的规定，适用于股份有限公司。

第一百零八条 有限责任公司变更为股份有限公司时，折合的实收股本总额不得高于公司净资产额。有限责任公司变更为股份有限公司，为增加注册资本公开发行股份时，应当依法办理。

第一百零九条　股份有限公司应当将公司章程、股东名册、股东会会议记录、董事会会议记录、监事会会议记录、财务会计报告、债券持有人名册置备于本公司。

第一百一十条　股东有权查阅、复制公司章程、股东名册、股东会会议记录、董事会会议决议、监事会会议决议、财务会计报告，对公司的经营提出建议或者质询。

连续一百八十日以上单独或者合计持有公司百分之三以上股份的股东要求查阅公司的会计账簿、会计凭证的，适用本法第五十七条第二款、第三款、第四款的规定。公司章程对持股比例有较低规定的，从其规定。

股东要求查阅、复制公司全资子公司相关材料的，适用前两款的规定。

上市公司股东查阅、复制相关材料的，应当遵守《中华人民共和国证券法》等法律、行政法规的规定。

第二节　股　东　会

第一百一十一条　股份有限公司股东会由全体股东组成。股东会是公司的权力机构，依照本法行使职权。

第一百一十二条　本法第五十九条第一款、第二款关于有限责任公司股东会职权的规定，适用于股份有限公司股东会。

本法第六十条关于只有一个股东的有限责任公司不设股东会的规定，适用于只有一个股东的股份有限公司。

第一百一十三条　股东会应当每年召开一次年会。有下列情形之一的，应当在两个月内召开临时股东会会议：

（一）董事人数不足本法规定人数或者公司章程所定人数的三分之二时；

（二）公司未弥补的亏损达股本总额三分之一时；

（三）单独或者合计持有公司百分之十以上股份的股东请求时；

（四）董事会认为必要时；

（五）监事会提议召开时；

（六）公司章程规定的其他情形。

第一百一十四条　股东会会议由董事会召集，董事长主持；董事长不能履行职务或者不履行职务的，由副董事长主持；副董事长不能履行职务或者不履行职务的，由过半数的董事共同推举一名董事主持。

董事会不能履行或者不履行召集股东会会议职责的，监事会应当及时召集和主持；监事会不召集和主持的，连续九十日以上单独或者合计持有公司百分之十以上股份的股东可以自行召集和主持。

单独或者合计持有公司百分之十以上股份的股东请求召开临时股东会会议的，董事会、监事会应当在收到请求之日起十日内作出是否召开临时股东会会议的决定，并书面答复股东。

第一百一十五条 召开股东会会议，应当将会议召开的时间、地点和审议的事项于会议召开二十日前通知各股东；临时股东会会议应当于会议召开十五日前通知各股东。

单独或者合计持有公司百分之一以上股份的股东，可以在股东会会议召开十日前提出临时提案并书面提交董事会。临时提案应当有明确议题和具体决议事项。董事会应当在收到提案后二日内通知其他股东，并将该临时提案提交股东会审议；但临时提案违反法律、行政法规或者公司章程的规定，或者不属于股东会职权范围的除外。公司不得提高提出临时提案股东的持股比例。

公开发行股份的公司，应当以公告方式作出前两款规定的通知。

股东会不得对通知中未列明的事项作出决议。

第一百一十六条 股东出席股东会会议，所持每一股份有一表决权，类别股股东除外。公司持有的本公司股份没有表决权。

股东会作出决议，应当经出席会议的股东所持表决权过半数通过。

股东会作出修改公司章程、增加或者减少注册资本的决议，以及公司合并、分立、解散或者变更公司形式的决议，应当经出席会议的股东所持表决权的三分之二以上通过。

第一百一十七条 股东会选举董事、监事，可以按照公司章程的规定或者股东会的决议，实行累积投票制。

本法所称累积投票制，是指股东会选举董事或者监事时，每一股份拥有与应选董事或者监事人数相同的表决权，股东拥有的表决权可以集中使用。

第一百一十八条 股东委托代理人出席股东会会议的，应当明确代理人代理的事项、权限和期限；代理人应当向公司提交股东授权委托书，并在授权范围内行使表决权。

第一百一十九条 股东会应当对所议事项的决定作成会议记录，主持人、出席会议的董事应当在会议记录上签名。会议记录应当与出席股东的签名册及代理出席的委托书一并保存。

第三节　董事会、经理

第一百二十条　股份有限公司设董事会，本法第一百二十八条另有规定的除外。

本法第六十七条、第六十八条第一款、第七十条、第七十一条的规定，适用于股份有限公司。

第一百二十一条　股份有限公司可以按照公司章程的规定在董事会中设置由董事组成的审计委员会，行使本法规定的监事会的职权，不设监事会或者监事。

审计委员会成员为三名以上，过半数成员不得在公司担任除董事以外的其他职务，且不得与公司存在任何可能影响其独立客观判断的关系。公司董事会成员中的职工代表可以成为审计委员会成员。

审计委员会作出决议，应当经审计委员会成员的过半数通过。

审计委员会决议的表决，应当一人一票。

审计委员会的议事方式和表决程序，除本法有规定的外，由公司章程规定。

公司可以按照公司章程的规定在董事会中设置其他委员会。

第一百二十二条　董事会设董事长一人，可以设副董事长。董事长和副董事长由董事会以全体董事的过半数选举产生。

董事长召集和主持董事会会议，检查董事会决议的实施情况。副董事长协助董事长工作，董事长不能履行职务或者不履行职务的，由副董事长履行职务；副董事长不能履行职务或者不履行职务的，由过半数的董事共同推举一名董事履行职务。

第一百二十三条　董事会每年度至少召开两次会议，每次会议应当于会议召开十日前通知全体董事和监事。

代表十分之一以上表决权的股东、三分之一以上董事或者监事会，可以提议召开临时董事会会议。董事长应当自接到提议后十日内，召集和主持董事会会议。

董事会召开临时会议，可以另定召集董事会的通知方式和通知时限。

第一百二十四条　董事会会议应当有过半数的董事出席方可举行。董事会作出决议，应当经全体董事的过半数通过。

董事会决议的表决，应当一人一票。

董事会应当对所议事项的决定作成会议记录,出席会议的董事应当在会议记录上签名。

第一百二十五条 董事会会议,应当由董事本人出席;董事因故不能出席,可以书面委托其他董事代为出席,委托书应当载明授权范围。

董事应当对董事会的决议承担责任。董事会的决议违反法律、行政法规或者公司章程、股东会决议,给公司造成严重损失的,参与决议的董事对公司负赔偿责任;经证明在表决时曾表明异议并记载于会议记录的,该董事可以免除责任。

第一百二十六条 股份有限公司设经理,由董事会决定聘任或者解聘。

经理对董事会负责,根据公司章程的规定或者董事会的授权行使职权。经理列席董事会会议。

第一百二十七条 公司董事会可以决定由董事会成员兼任经理。

第一百二十八条 规模较小或者股东人数较少的股份有限公司,可以不设董事会,设一名董事,行使本法规定的董事会的职权。该董事可以兼任公司经理。

第一百二十九条 公司应当定期向股东披露董事、监事、高级管理人员从公司获得报酬的情况。

第四节 监 事 会

第一百三十条 股份有限公司设监事会,本法第一百二十一条第一款、第一百三十三条另有规定的除外。

监事会成员为三人以上。监事会成员应当包括股东代表和适当比例的公司职工代表,其中职工代表的比例不得低于三分之一,具体比例由公司章程规定。监事会中的职工代表由公司职工通过职工代表大会、职工大会或者其他形式民主选举产生。

监事会设主席一人,可以设副主席。监事会主席和副主席由全体监事过半数选举产生。监事会主席召集和主持监事会会议;监事会主席不能履行职务或者不履行职务的,由监事会副主席召集和主持监事会会议;监事会副主席不能履行职务或者不履行职务的,由过半数的监事共同推举一名监事召集和主持监事会会议。

董事、高级管理人员不得兼任监事。

本法第七十七条关于有限责任公司监事任期的规定,适用于股份有限公司监事。

第一百三十一条　本法第七十八条至第八十条的规定，适用于股份有限公司监事会。

监事会行使职权所必需的费用，由公司承担。

第一百三十二条　监事会每六个月至少召开一次会议。监事可以提议召开临时监事会会议。

监事会的议事方式和表决程序，除本法有规定的外，由公司章程规定。

监事会决议应当经全体监事的过半数通过。

监事会决议的表决，应当一人一票。

监事会应当对所议事项的决定作成会议记录，出席会议的监事应当在会议记录上签名。

第一百三十三条　规模较小或者股东人数较少的股份有限公司，可以不设监事会，设一名监事，行使本法规定的监事会的职权。

第五节　上市公司组织机构的特别规定

第一百三十四条　本法所称上市公司，是指其股票在证券交易所上市交易的股份有限公司。

第一百三十五条　上市公司在一年内购买、出售重大资产或者向他人提供担保的金额超过公司资产总额百分之三十的，应当由股东会作出决议，并经出席会议的股东所持表决权的三分之二以上通过。

第一百三十六条　上市公司设独立董事，具体管理办法由国务院证券监督管理机构规定。

上市公司的公司章程除载明本法第九十五条规定的事项外，还应当依照法律、行政法规的规定载明董事会专门委员会的组成、职权以及董事、监事、高级管理人员薪酬考核机制等事项。

第一百三十七条　上市公司在董事会中设置审计委员会的，董事会对下列事项作出决议前应当经审计委员会全体成员过半数通过：

（一）聘用、解聘承办公司审计业务的会计师事务所；

（二）聘任、解聘财务负责人；

（三）披露财务会计报告；

（四）国务院证券监督管理机构规定的其他事项。

第一百三十八条 上市公司设董事会秘书，负责公司股东会和董事会会议的筹备、文件保管以及公司股东资料的管理，办理信息披露事务等事宜。

第一百三十九条 上市公司董事与董事会会议决议事项所涉及的企业或者个人有关联关系的，该董事应当及时向董事会书面报告。有关联关系的董事不得对该项决议行使表决权，也不得代理其他董事行使表决权。该董事会会议由过半数的无关联关系董事出席即可举行，董事会会议所作决议须经无关联关系董事过半数通过。出席董事会会议的无关联关系董事人数不足三人的，应当将该事项提交上市公司股东会审议。

第一百四十条 上市公司应当依法披露股东、实际控制人的信息，相关信息应当真实、准确、完整。

禁止违反法律、行政法规的规定代持上市公司股票。

第一百四十一条 上市公司控股子公司不得取得该上市公司的股份。

上市公司控股子公司因公司合并、质权行使等原因持有上市公司股份的，不得行使所持股份对应的表决权，并应当及时处分相关上市公司股份。

第六章 股份有限公司的股份发行和转让

第一节 股份发行

第一百四十二条 公司的资本划分为股份。公司的全部股份，根据公司章程的规定择一采用面额股或者无面额股。采用面额股的，每一股的金额相等。

公司可以根据公司章程的规定将已发行的面额股全部转换为无面额股或者将无面额股全部转换为面额股。

采用无面额股的，应当将发行股份所得股款的二分之一以上计入注册资本。

第一百四十三条 股份的发行，实行公平、公正的原则，同类别的每一股份应当具有同等权利。

同次发行的同类别股份，每股的发行条件和价格应当相同；认购人所认购的股份，每股应当支付相同价额。

第一百四十四条 公司可以按照公司章程的规定发行下列与普通股权利不同的类别股：

（一）优先或者劣后分配利润或者剩余财产的股份；

（二）每一股的表决权数多于或者少于普通股的股份；

（三）转让须经公司同意等转让受限的股份；

（四）国务院规定的其他类别股。

公开发行股份的公司不得发行前款第二项、第三项规定的类别股；公开发行前已发行的除外。

公司发行本条第一款第二项规定的类别股的，对于监事或者审计委员会成员的选举和更换，类别股与普通股每一股的表决权数相同。

第一百四十五条　发行类别股的公司，应当在公司章程中载明以下事项：

（一）类别股分配利润或者剩余财产的顺序；

（二）类别股的表决权数；

（三）类别股的转让限制；

（四）保护中小股东权益的措施；

（五）股东会认为需要规定的其他事项。

第一百四十六条　发行类别股的公司，有本法第一百一十六条第三款规定的事项等可能影响类别股股东权利的，除应当依照第一百一十六条第三款的规定经股东会决议外，还应当经出席类别股股东会议的股东所持表决权的三分之二以上通过。

公司章程可以对需经类别股股东会议决议的其他事项作出规定。

第一百四十七条　公司的股份采取股票的形式。股票是公司签发的证明股东所持股份的凭证。

公司发行的股票，应当为记名股票。

第一百四十八条　面额股股票的发行价格可以按票面金额，也可以超过票面金额，但不得低于票面金额。

第一百四十九条　股票采用纸面形式或者国务院证券监督管理机构规定的其他形式。

股票采用纸面形式的，应当载明下列主要事项：

（一）公司名称；

（二）公司成立日期或者股票发行的时间；

（三）股票种类、票面金额及代表的股份数，发行无面额股的，股票代表的股份数。

股票采用纸面形式的，还应当载明股票的编号，由法定代表人签名，公司盖章。

发起人股票采用纸面形式的,应当标明发起人股票字样。

第一百五十条 股份有限公司成立后,即向股东正式交付股票。公司成立前不得向股东交付股票。

第一百五十一条 公司发行新股,股东会应当对下列事项作出决议:

(一)新股种类及数额;

(二)新股发行价格;

(三)新股发行的起止日期;

(四)向原有股东发行新股的种类及数额;

(五)发行无面额股的,新股发行所得股款计入注册资本的金额。

公司发行新股,可以根据公司经营情况和财务状况,确定其作价方案。

第一百五十二条 公司章程或者股东会可以授权董事会在三年内决定发行不超过已发行股份百分之五十的股份。但以非货币财产作价出资的应当经股东会决议。

董事会依照前款规定决定发行股份导致公司注册资本、已发行股份数发生变化的,对公司章程该项记载事项的修改不需再由股东会表决。

第一百五十三条 公司章程或者股东会授权董事会决定发行新股的,董事会决议应当经全体董事三分之二以上通过。

第一百五十四条 公司向社会公开募集股份,应当经国务院证券监督管理机构注册,公告招股说明书。

招股说明书应当附有公司章程,并载明下列事项:

(一)发行的股份总数;

(二)面额股的票面金额和发行价格或者无面额股的发行价格;

(三)募集资金的用途;

(四)认股人的权利和义务;

(五)股份种类及其权利和义务;

(六)本次募股的起止日期及逾期未募足时认股人可以撤回所认股份的说明。

公司设立时发行股份的,还应当载明发起人认购的股份数。

第一百五十五条 公司向社会公开募集股份,应当由依法设立的证券公司承销,签订承销协议。

第一百五十六条 公司向社会公开募集股份,应当同银行签订代收股款协议。

代收股款的银行应当按照协议代收和保存股款，向缴纳股款的认股人出具收款单据，并负有向有关部门出具收款证明的义务。

公司发行股份募足股款后，应予公告。

第二节　股份转让

第一百五十七条　股份有限公司的股东持有的股份可以向其他股东转让，也可以向股东以外的人转让；公司章程对股份转让有限制的，其转让按照公司章程的规定进行。

第一百五十八条　股东转让其股份，应当在依法设立的证券交易场所进行或者按照国务院规定的其他方式进行。

第一百五十九条　股票的转让，由股东以背书方式或者法律、行政法规规定的其他方式进行；转让后由公司将受让人的姓名或者名称及住所记载于股东名册。

股东会会议召开前二十日内或者公司决定分配股利的基准日前五日内，不得变更股东名册。法律、行政法规或者国务院证券监督管理机构对上市公司股东名册变更另有规定的，从其规定。

第一百六十条　公司公开发行股份前已发行的股份，自公司股票在证券交易所上市交易之日起一年内不得转让。法律、行政法规或者国务院证券监督管理机构对上市公司的股东、实际控制人转让其所持有的本公司股份另有规定的，从其规定。

公司董事、监事、高级管理人员应当向公司申报所持有的本公司的股份及其变动情况，在就任时确定的任职期间每年转让的股份不得超过其所持有本公司股份总数的百分之二十五；所持本公司股份自公司股票上市交易之日起一年内不得转让。上述人员离职后半年内，不得转让其所持有的本公司股份。公司章程可以对公司董事、监事、高级管理人员转让其所持有的本公司股份作出其他限制性规定。

股份在法律、行政法规规定的限制转让期限内出质的，质权人不得在限制转让期限内行使质权。

第一百六十一条　有下列情形之一的，对股东会该项决议投反对票的股东可以请求公司按照合理的价格收购其股份，公开发行股份的公司除外：

（一）公司连续五年不向股东分配利润，而公司该五年连续盈利，并且符合本法规定的分配利润条件；

（二）公司转让主要财产；

（三）公司章程规定的营业期限届满或者章程规定的其他解散事由出现，股东会通过决议修改章程使公司存续。

自股东会决议作出之日起六十日内，股东与公司不能达成股份收购协议的，股东可以自股东会决议作出之日起九十日内向人民法院提起诉讼。

公司因本条第一款规定的情形收购的本公司股份，应当在六个月内依法转让或者注销。

第一百六十二条 公司不得收购本公司股份。但是，有下列情形之一的除外：

（一）减少公司注册资本；

（二）与持有本公司股份的其他公司合并；

（三）将股份用于员工持股计划或者股权激励；

（四）股东因对股东会作出的公司合并、分立决议持异议，要求公司收购其股份；

（五）将股份用于转换公司发行的可转换为股票的公司债券；

（六）上市公司为维护公司价值及股东权益所必需。

公司因前款第一项、第二项规定的情形收购本公司股份的，应当经股东会决议；公司因前款第三项、第五项、第六项规定的情形收购本公司股份的，可以按照公司章程或者股东会的授权，经三分之二以上董事出席的董事会会议决议。

公司依照本条第一款规定收购本公司股份后，属于第一项情形的，应当自收购之日起十日内注销；属于第二项、第四项情形的，应当在六个月内转让或者注销；属于第三项、第五项、第六项情形的，公司合计持有的本公司股份数不得超过本公司已发行股份总数的百分之十，并应当在三年内转让或者注销。

上市公司收购本公司股份的，应当依照《中华人民共和国证券法》的规定履行信息披露义务。上市公司因本条第一款第三项、第五项、第六项规定的情形收购本公司股份的，应当通过公开的集中交易方式进行。

公司不得接受本公司的股份作为质权的标的。

第一百六十三条 公司不得为他人取得本公司或者其母公司的股份提供赠与、借款、担保以及其他财务资助，公司实施员工持股计划的除外。

为公司利益，经股东会决议，或者董事会按照公司章程或者股东会的授权作出决议，公司可以为他人取得本公司或者其母公司的股份提供财务资助，但财务资助的累计总额不得超过已发行股本总额的百分之十。董事会作出决议应当经全体董事的三分之二以上通过。

违反前两款规定，给公司造成损失的，负有责任的董事、监事、高级管理人员应当承担赔偿责任。

第一百六十四条　股票被盗、遗失或者灭失，股东可以依照《中华人民共和国民事诉讼法》规定的公示催告程序，请求人民法院宣告该股票失效。人民法院宣告该股票失效后，股东可以向公司申请补发股票。

第一百六十五条　上市公司的股票，依照有关法律、行政法规及证券交易所交易规则上市交易。

第一百六十六条　上市公司应当依照法律、行政法规的规定披露相关信息。

第一百六十七条　自然人股东死亡后，其合法继承人可以继承股东资格；但是，股份转让受限的股份有限公司的章程另有规定的除外。

第七章　国家出资公司组织机构的特别规定

第一百六十八条　国家出资公司的组织机构，适用本章规定；本章没有规定的，适用本法其他规定。

本法所称国家出资公司，是指国家出资的国有独资公司、国有资本控股公司，包括国家出资的有限责任公司、股份有限公司。

第一百六十九条　国家出资公司，由国务院或者地方人民政府分别代表国家依法履行出资人职责，享有出资人权益。国务院或者地方人民政府可以授权国有资产监督管理机构或者其他部门、机构代表本级人民政府对国家出资公司履行出资人职责。

代表本级人民政府履行出资人职责的机构、部门，以下统称为履行出资人职责的机构。

第一百七十条　国家出资公司中中国共产党的组织，按照中国共产党章程的规定发挥领导作用，研究讨论公司重大经营管理事项，支持公司的组织机构依法行使职权。

第一百七十一条　国有独资公司章程由履行出资人职责的机构制定。

第一百七十二条　国有独资公司不设股东会，由履行出资人职责的机构行使股东会职权。履行出资人职责的机构可以授权公司董事会行使股东会的部分职权，但公司章程的制定和修改，公司的合并、分立、解散、申请破产，增加或者减少注册资本，分配利润，应当由履行出资人职责的机构决定。

第一百七十三条　国有独资公司的董事会依照本法规定行使职权。

国有独资公司的董事会成员中,应当过半数为外部董事,并应当有公司职工代表。

董事会成员由履行出资人职责的机构委派;但是,董事会成员中的职工代表由公司职工代表大会选举产生。

董事会设董事长一人,可以设副董事长。董事长、副董事长由履行出资人职责的机构从董事会成员中指定。

第一百七十四条　国有独资公司的经理由董事会聘任或者解聘。

经履行出资人职责的机构同意,董事会成员可以兼任经理。

第一百七十五条　国有独资公司的董事、高级管理人员,未经履行出资人职责的机构同意,不得在其他有限责任公司、股份有限公司或者其他经济组织兼职。

第一百七十六条　国有独资公司在董事会中设置由董事组成的审计委员会行使本法规定的监事会职权的,不设监事会或者监事。

第一百七十七条　国家出资公司应当依法建立健全内部监督管理和风险控制制度,加强内部合规管理。

第八章　公司董事、监事、高级管理人员的资格和义务

第一百七十八条　有下列情形之一的,不得担任公司的董事、监事、高级管理人员:

(一)无民事行为能力或者限制民事行为能力;

(二)因贪污、贿赂、侵占财产、挪用财产或者破坏社会主义市场经济秩序,被判处刑罚,或者因犯罪被剥夺政治权利,执行期满未逾五年,被宣告缓刑的,自缓刑考验期满之日起未逾二年;

(三)担任破产清算的公司、企业的董事或者厂长、经理,对该公司、企业的破产负有个人责任的,自该公司、企业破产清算完结之日起未逾三年;

(四)担任因违法被吊销营业执照、责令关闭的公司、企业的法定代表人,并负有个人责任的,自该公司、企业被吊销营业执照、责令关闭之日起未逾三年;

(五)个人因所负数额较大债务到期未清偿被人民法院列为失信被执行人。

违反前款规定选举、委派董事、监事或者聘任高级管理人员的,该选举、委派或者聘任无效。

董事、监事、高级管理人员在任职期间出现本条第一款所列情形的，公司应当解除其职务。

第一百七十九条　董事、监事、高级管理人员应当遵守法律、行政法规和公司章程。

第一百八十条　董事、监事、高级管理人员对公司负有忠实义务，应当采取措施避免自身利益与公司利益冲突，不得利用职权牟取不正当利益。

董事、监事、高级管理人员对公司负有勤勉义务，执行职务应当为公司的最大利益尽到管理者通常应有的合理注意。

公司的控股股东、实际控制人不担任公司董事但实际执行公司事务的，适用前两款规定。

第一百八十一条　董事、监事、高级管理人员不得有下列行为：

（一）侵占公司财产、挪用公司资金；

（二）将公司资金以其个人名义或者以其他个人名义开立账户存储；

（三）利用职权贿赂或者收受其他非法收入；

（四）接受他人与公司交易的佣金归为己有；

（五）擅自披露公司秘密；

（六）违反对公司忠实义务的其他行为。

第一百八十二条　董事、监事、高级管理人员，直接或者间接与本公司订立合同或者进行交易，应当就与订立合同或者进行交易有关的事项向董事会或者股东会报告，并按照公司章程的规定经董事会或者股东会决议通过。

董事、监事、高级管理人员的近亲属，董事、监事、高级管理人员或者其近亲属直接或者间接控制的企业，以及与董事、监事、高级管理人员有其他关联关系的关联人，与公司订立合同或者进行交易，适用前款规定。

第一百八十三条　董事、监事、高级管理人员，不得利用职务便利为自己或者他人谋取属于公司的商业机会。但是，有下列情形之一的除外：

（一）向董事会或者股东会报告，并按照公司章程的规定经董事会或者股东会决议通过；

（二）根据法律、行政法规或者公司章程的规定，公司不能利用该商业机会。

第一百八十四条　董事、监事、高级管理人员未向董事会或者股东会报告，并按照公司章程的规定经董事会或者股东会决议通过，不得自营或者为他人经营与其任职公司同类的业务。

第一百八十五条 董事会对本法第一百八十二条至第一百八十四条规定的事项决议时，关联董事不得参与表决，其表决权不计入表决权总数。出席董事会会议的无关联关系董事人数不足三人的，应当将该事项提交股东会审议。

第一百八十六条 董事、监事、高级管理人员违反本法第一百八十一条至第一百八十四条规定所得的收入应当归公司所有。

第一百八十七条 股东会要求董事、监事、高级管理人员列席会议的，董事、监事、高级管理人员应当列席并接受股东的质询。

第一百八十八条 董事、监事、高级管理人员执行职务违反法律、行政法规或者公司章程的规定，给公司造成损失的，应当承担赔偿责任。

第一百八十九条 董事、高级管理人员有前条规定的情形的，有限责任公司的股东、股份有限公司连续一百八十日以上单独或者合计持有公司百分之一以上股份的股东，可以书面请求监事会向人民法院提起诉讼；监事有前条规定的情形的，前述股东可以书面请求董事会向人民法院提起诉讼。

监事会或者董事会收到前款规定的股东书面请求后拒绝提起诉讼，或者自收到请求之日起三十日内未提起诉讼，或者情况紧急、不立即提起诉讼将会使公司利益受到难以弥补的损害的，前款规定的股东有权为公司利益以自己的名义直接向人民法院提起诉讼。

他人侵犯公司合法权益，给公司造成损失的，本条第一款规定的股东可以依照前两款的规定向人民法院提起诉讼。

公司全资子公司的董事、监事、高级管理人员有前条规定情形，或者他人侵犯公司全资子公司合法权益造成损失的，有限责任公司的股东、股份有限公司连续一百八十日以上单独或者合计持有公司百分之一以上股份的股东，可以依照前三款规定书面请求全资子公司的监事会、董事会向人民法院提起诉讼或者以自己的名义直接向人民法院提起诉讼。

第一百九十条 董事、高级管理人员违反法律、行政法规或者公司章程的规定，损害股东利益的，股东可以向人民法院提起诉讼。

第一百九十一条 董事、高级管理人员执行职务，给他人造成损害的，公司应当承担赔偿责任；董事、高级管理人员存在故意或者重大过失的，也应当承担赔偿责任。

第一百九十二条　公司的控股股东、实际控制人指示董事、高级管理人员从事损害公司或者股东利益的行为的，与该董事、高级管理人员承担连带责任。

第一百九十三条　公司可以在董事任职期间为董事因执行公司职务承担的赔偿责任投保责任保险。

公司为董事投保责任保险或者续保后，董事会应当向股东会报告责任保险的投保金额、承保范围及保险费率等内容。

第九章　公司债券

第一百九十四条　本法所称公司债券，是指公司发行的约定按期还本付息的有价证券。

公司债券可以公开发行，也可以非公开发行。

公司债券的发行和交易应当符合《中华人民共和国证券法》等法律、行政法规的规定。

第一百九十五条　公开发行公司债券，应当经国务院证券监督管理机构注册，公告公司债券募集办法。

公司债券募集办法应当载明下列主要事项：

（一）公司名称；

（二）债券募集资金的用途；

（三）债券总额和债券的票面金额；

（四）债券利率的确定方式；

（五）还本付息的期限和方式；

（六）债券担保情况；

（七）债券的发行价格、发行的起止日期；

（八）公司净资产额；

（九）已发行的尚未到期的公司债券总额；

（十）公司债券的承销机构。

第一百九十六条　公司以纸面形式发行公司债券的，应当在债券上载明公司名称、债券票面金额、利率、偿还期限等事项，并由法定代表人签名，公司盖章。

第一百九十七条　公司债券应当为记名债券。

第一百九十八条　公司发行公司债券应当置备公司债券持有人名册。

发行公司债券的,应当在公司债券持有人名册上载明下列事项:

(一)债券持有人的姓名或者名称及住所;

(二)债券持有人取得债券的日期及债券的编号;

(三)债券总额,债券的票面金额、利率、还本付息的期限和方式;

(四)债券的发行日期。

第一百九十九条 公司债券的登记结算机构应当建立债券登记、存管、付息、兑付等相关制度。

第二百条 公司债券可以转让,转让价格由转让人与受让人约定。

公司债券的转让应当符合法律、行政法规的规定。

第二百零一条 公司债券由债券持有人以背书方式或者法律、行政法规规定的其他方式转让;转让后由公司将受让人的姓名或者名称及住所记载于公司债券持有人名册。

第二百零二条 股份有限公司经股东会决议,或者经公司章程、股东会授权由董事会决议,可以发行可转换为股票的公司债券,并规定具体的转换办法。上市公司发行可转换为股票的公司债券,应当经国务院证券监督管理机构注册。

发行可转换为股票的公司债券,应当在债券上标明可转换公司债券字样,并在公司债券持有人名册上载明可转换公司债券的数额。

第二百零三条 发行可转换为股票的公司债券的,公司应当按照其转换办法向债券持有人换发股票,但债券持有人对转换股票或者不转换股票有选择权。法律、行政法规另有规定的除外。

第二百零四条 公开发行公司债券的,应当为同期债券持有人设立债券持有人会议,并在债券募集办法中对债券持有人会议的召集程序、会议规则和其他重要事项作出规定。债券持有人会议可以对与债券持有人有利害关系的事项作出决议。

除公司债券募集办法另有约定外,债券持有人会议决议对同期全体债券持有人发生效力。

第二百零五条 公开发行公司债券的,发行人应当为债券持有人聘请债券受托管理人,由其为债券持有人办理受领清偿、债权保全、与债券相关的诉讼以及参与债务人破产程序等事项。

第二百零六条 债券受托管理人应当勤勉尽责,公正履行受托管理职责,不得损害债券持有人利益。

受托管理人与债券持有人存在利益冲突可能损害债券持有人利益的，债券持有人会议可以决议变更债券受托管理人。

债券受托管理人违反法律、行政法规或者债券持有人会议决议，损害债券持有人利益的，应当承担赔偿责任。

第十章　公司财务、会计

第二百零七条　公司应当依照法律、行政法规和国务院财政部门的规定建立本公司的财务、会计制度。

第二百零八条　公司应当在每一会计年度终了时编制财务会计报告，并依法经会计师事务所审计。

财务会计报告应当依照法律、行政法规和国务院财政部门的规定制作。

第二百零九条　有限责任公司应当按照公司章程规定的期限将财务会计报告送交各股东。

股份有限公司的财务会计报告应当在召开股东会年会的二十日前置备于本公司，供股东查阅；公开发行股份的股份有限公司应当公告其财务会计报告。

第二百一十条　公司分配当年税后利润时，应当提取利润的百分之十列入公司法定公积金。公司法定公积金累计额为公司注册资本的百分之五十以上的，可以不再提取。

公司的法定公积金不足以弥补以前年度亏损的，在依照前款规定提取法定公积金之前，应当先用当年利润弥补亏损。

公司从税后利润中提取法定公积金后，经股东会决议，还可以从税后利润中提取任意公积金。

公司弥补亏损和提取公积金后所余税后利润，有限责任公司按照股东实缴的出资比例分配利润，全体股东约定不按照出资比例分配利润的除外；股份有限公司按照股东所持有的股份比例分配利润，公司章程另有规定的除外。

公司持有的本公司股份不得分配利润。

第二百一十一条　公司违反本法规定向股东分配利润的，股东应当将违反规定分配的利润退还公司；给公司造成损失的，股东及负有责任的董事、监事、高级管理人员应当承担赔偿责任。

第二百一十二条　股东会作出分配利润的决议的，董事会应当在股东会决议作出之日起六个月内进行分配。

第二百一十三条 公司以超过股票票面金额的发行价格发行股份所得的溢价款、发行无面额股所得股款未计入注册资本的金额以及国务院财政部门规定列入资本公积金的其他项目,应当列为公司资本公积金。

第二百一十四条 公司的公积金用于弥补公司的亏损、扩大公司生产经营或者转为增加公司注册资本。

公积金弥补公司亏损,应当先使用任意公积金和法定公积金;仍不能弥补的,可以按照规定使用资本公积金。

法定公积金转为增加注册资本时,所留存的该项公积金不得少于转增前公司注册资本的百分之二十五。

第二百一十五条 公司聘用、解聘承办公司审计业务的会计师事务所,按照公司章程的规定,由股东会、董事会或者监事会决定。

公司股东会、董事会或者监事会就解聘会计师事务所进行表决时,应当允许会计师事务所陈述意见。

第二百一十六条 公司应当向聘用的会计师事务所提供真实、完整的会计凭证、会计账簿、财务会计报告及其他会计资料,不得拒绝、隐匿、谎报。

第二百一十七条 公司除法定的会计账簿外,不得另立会计账簿。

对公司资金,不得以任何个人名义开立账户存储。

第十一章 公司合并、分立、增资、减资

第二百一十八条 公司合并可以采取吸收合并或者新设合并。

一个公司吸收其他公司为吸收合并,被吸收的公司解散。两个以上公司合并设立一个新的公司为新设合并,合并各方解散。

第二百一十九条 公司与其持股百分之九十以上的公司合并,被合并的公司不需经股东会决议,但应当通知其他股东,其他股东有权请求公司按照合理的价格收购其股权或者股份。

公司合并支付的价款不超过本公司净资产百分之十的,可以不经股东会决议;但是,公司章程另有规定的除外。

公司依照前两款规定合并不经股东会决议的,应当经董事会决议。

第二百二十条 公司合并,应当由合并各方签订合并协议,并编制资产负债表

及财产清单。公司应当自作出合并决议之日起十日内通知债权人，并于三十日内在报纸上或者国家企业信用信息公示系统公告。债权人自接到通知之日起三十日内，未接到通知的自公告之日起四十五日内，可以要求公司清偿债务或者提供相应的担保。

第二百二十一条　公司合并时，合并各方的债权、债务，应当由合并后存续的公司或者新设的公司承继。

第二百二十二条　公司分立，其财产作相应的分割。

公司分立，应当编制资产负债表及财产清单。公司应当自作出分立决议之日起十日内通知债权人，并于三十日内在报纸上或者国家企业信用信息公示系统公告。

第二百二十三条　公司分立前的债务由分立后的公司承担连带责任。但是，公司在分立前与债权人就债务清偿达成的书面协议另有约定的除外。

第二百二十四条　公司减少注册资本，应当编制资产负债表及财产清单。

公司应当自股东会作出减少注册资本决议之日起十日内通知债权人，并于三十日内在报纸上或者国家企业信用信息公示系统公告。债权人自接到通知之日起三十日内，未接到通知的自公告之日起四十五日内，有权要求公司清偿债务或者提供相应的担保。

公司减少注册资本，应当按照股东出资或者持有股份的比例相应减少出资额或者股份，法律另有规定、有限责任公司全体股东另有约定或者股份有限公司章程另有规定的除外。

第二百二十五条　公司依照本法第二百一十四条第二款的规定弥补亏损后，仍有亏损的，可以减少注册资本弥补亏损。减少注册资本弥补亏损的，公司不得向股东分配，也不得免除股东缴纳出资或者股款的义务。

依照前款规定减少注册资本的，不适用前条第二款的规定，但应当自股东会作出减少注册资本决议之日起三十日内在报纸上或者国家企业信用信息公示系统公告。

公司依照前两款的规定减少注册资本后，在法定公积金和任意公积金累计额达到公司注册资本百分之五十前，不得分配利润。

第二百二十六条　违反本法规定减少注册资本的，股东应当退还其收到的资金，减免股东出资的应当恢复原状；给公司造成损失的，股东及负有责任的董事、监事、高级管理人员应当承担赔偿责任。

第二百二十七条 有限责任公司增加注册资本时,股东在同等条件下有权优先按照实缴的出资比例认缴出资。但是,全体股东约定不按照出资比例优先认缴出资的除外。

股份有限公司为增加注册资本发行新股时,股东不享有优先认购权,公司章程另有规定或者股东会决议决定股东享有优先认购权的除外。

第二百二十八条 有限责任公司增加注册资本时,股东认缴新增资本的出资,依照本法设立有限责任公司缴纳出资的有关规定执行。

股份有限公司为增加注册资本发行新股时,股东认购新股,依照本法设立股份有限公司缴纳股款的有关规定执行。

第十二章 公司解散和清算

第二百二十九条 公司因下列原因解散:

(一)公司章程规定的营业期限届满或者公司章程规定的其他解散事由出现;

(二)股东会决议解散;

(三)因公司合并或者分立需要解散;

(四)依法被吊销营业执照、责令关闭或者被撤销;

(五)人民法院依照本法第二百三十一条的规定予以解散。

公司出现前款规定的解散事由,应当在十日内将解散事由通过国家企业信用信息公示系统予以公示。

第二百三十条 公司有前条第一款第一项、第二项情形,且尚未向股东分配财产的,可以通过修改公司章程或者经股东会决议而存续。

依照前款规定修改公司章程或者经股东会决议,有限责任公司须经持有三分之二以上表决权的股东通过,股份有限公司须经出席股东会会议的股东所持表决权的三分之二以上通过。

第二百三十一条 公司经营管理发生严重困难,继续存续会使股东利益受到重大损失,通过其他途径不能解决的,持有公司百分之十以上表决权的股东,可以请求人民法院解散公司。

第二百三十二条 公司因本法第二百二十九条第一款第一项、第二项、第四项、第五项规定而解散的,应当清算。董事为公司清算义务人,应当在解散事由出现之日起十五日内组成清算组进行清算。

清算组由董事组成,但是公司章程另有规定或者股东会决议另选他人的除外。

清算义务人未及时履行清算义务,给公司或者债权人造成损失的,应当承担赔偿责任。

第二百三十三条　公司依照前条第一款的规定应当清算,逾期不成立清算组进行清算或者成立清算组后不清算的,利害关系人可以申请人民法院指定有关人员组成清算组进行清算。人民法院应当受理该申请,并及时组织清算组进行清算。

公司因本法第二百二十九条第一款第四项的规定而解散的,作出吊销营业执照、责令关闭或者撤销决定的部门或者公司登记机关,可以申请人民法院指定有关人员组成清算组进行清算。

第二百三十四条　清算组在清算期间行使下列职权:

(一)清理公司财产,分别编制资产负债表和财产清单;

(二)通知、公告债权人;

(三)处理与清算有关的公司未了结的业务;

(四)清缴所欠税款以及清算过程中产生的税款;

(五)清理债权、债务;

(六)分配公司清偿债务后的剩余财产;

(七)代表公司参与民事诉讼活动。

第二百三十五条　清算组应当自成立之日起十日内通知债权人,并于六十日内在报纸上或者国家企业信用信息公示系统公告。债权人应当自接到通知之日起三十日内,未接到通知的自公告之日起四十五日内,向清算组申报其债权。

债权人申报债权,应当说明债权的有关事项,并提供证明材料。清算组应当对债权进行登记。

在申报债权期间,清算组不得对债权人进行清偿。

第二百三十六条　清算组在清理公司财产、编制资产负债表和财产清单后,应当制订清算方案,并报股东会或者人民法院确认。

公司财产在分别支付清算费用、职工的工资、社会保险费用和法定补偿金,缴纳所欠税款,清偿公司债务后的剩余财产,有限责任公司按照股东的出资比例分配,股份有限公司按照股东持有的股份比例分配。

清算期间,公司存续,但不得开展与清算无关的经营活动。公司财产在未依照前款规定清偿前,不得分配给股东。

第二百三十七条 清算组在清理公司财产、编制资产负债表和财产清单后，发现公司财产不足清偿债务的，应当依法向人民法院申请破产清算。

人民法院受理破产申请后，清算组应当将清算事务移交给人民法院指定的破产管理人。

第二百三十八条 清算组成员履行清算职责，负有忠实义务和勤勉义务。

清算组成员怠于履行清算职责，给公司造成损失的，应当承担赔偿责任；因故意或者重大过失给债权人造成损失的，应当承担赔偿责任。

第二百三十九条 公司清算结束后，清算组应当制作清算报告，报股东会或者人民法院确认，并报送公司登记机关，申请注销公司登记。

第二百四十条 公司在存续期间未产生债务，或者已清偿全部债务的，经全体股东承诺，可以按照规定通过简易程序注销公司登记。

通过简易程序注销公司登记，应当通过国家企业信用信息公示系统予以公告，公告期限不少于二十日。公告期限届满后，未有异议的，公司可以在二十日内向公司登记机关申请注销公司登记。

公司通过简易程序注销公司登记，股东对本条第一款规定的内容承诺不实的，应当对注销登记前的债务承担连带责任。

第二百四十一条 公司被吊销营业执照、责令关闭或者被撤销，满三年未向公司登记机关申请注销公司登记的，公司登记机关可以通过国家企业信用信息公示系统予以公告，公告期限不少于六十日。公告期限届满后，未有异议的，公司登记机关可以注销公司登记。

依照前款规定注销公司登记的，原公司股东、清算义务人的责任不受影响。

第二百四十二条 公司被依法宣告破产的，依照有关企业破产的法律实施破产清算。

第十三章 外国公司的分支机构

第二百四十三条 本法所称外国公司，是指依照外国法律在中华人民共和国境外设立的公司。

第二百四十四条 外国公司在中华人民共和国境内设立分支机构，应当向中国主管机关提出申请，并提交其公司章程、所属国的公司登记证书等有关文件，经批准后，向公司登记机关依法办理登记，领取营业执照。

外国公司分支机构的审批办法由国务院另行规定。

第二百四十五条　外国公司在中华人民共和国境内设立分支机构，应当在中华人民共和国境内指定负责该分支机构的代表人或者代理人，并向该分支机构拨付与其所从事的经营活动相适应的资金。

对外国公司分支机构的经营资金需要规定最低限额的，由国务院另行规定。

第二百四十六条　外国公司的分支机构应当在其名称中标明该外国公司的国籍及责任形式。

外国公司的分支机构应当在本机构中置备该外国公司章程。

第二百四十七条　外国公司在中华人民共和国境内设立的分支机构不具有中国法人资格。

外国公司对其分支机构在中华人民共和国境内进行经营活动承担民事责任。

第二百四十八条　经批准设立的外国公司分支机构，在中华人民共和国境内从事业务活动，应当遵守中国的法律，不得损害中国的社会公共利益，其合法权益受中国法律保护。

第二百四十九条　外国公司撤销其在中华人民共和国境内的分支机构时，应当依法清偿债务，依照本法有关公司清算程序的规定进行清算。未清偿债务之前，不得将其分支机构的财产转移至中华人民共和国境外。

第十四章　法律责任

第二百五十条　违反本法规定，虚报注册资本、提交虚假材料或者采取其他欺诈手段隐瞒重要事实取得公司登记的，由公司登记机关责令改正，对虚报注册资本的公司，处以虚报注册资本金额百分之五以上百分之十五以下的罚款；对提交虚假材料或者采取其他欺诈手段隐瞒重要事实的公司，处以五万元以上二百万元以下的罚款；情节严重的，吊销营业执照；对直接负责的主管人员和其他直接责任人员处以三万元以上三十万元以下的罚款。

第二百五十一条　公司未依照本法第四十条规定公示有关信息或者不如实公示有关信息的，由公司登记机关责令改正，可以处以一万元以上五万元以下的罚款。情节严重的，处以五万元以上二十万元以下的罚款；对直接负责的主管人员和其他直接责任人员处以一万元以上十万元以下的罚款。

第二百五十二条　公司的发起人、股东虚假出资，未交付或者未按期交付作为出资的货币或者非货币财产的，由公司登记机关责令改正，可以处以五万元以上二十万元以下的罚款；情节严重的，处以虚假出资或者未出资金额百分之五以上百分之十五以下的罚款；对直接负责的主管人员和其他直接责任人员处以一万元以上十万元以下的罚款。

第二百五十三条 公司的发起人、股东在公司成立后，抽逃其出资的，由公司登记机关责令改正，处以所抽逃出资金额百分之五以上百分之十五以下的罚款；对直接负责的主管人员和其他直接责任人员处以三万元以上三十万元以下的罚款。

第二百五十四条 有下列行为之一的，由县级以上人民政府财政部门依照《中华人民共和国会计法》等法律、行政法规的规定处罚：

（一）在法定的会计账簿以外另立会计账簿；

（二）提供存在虚假记载或者隐瞒重要事实的财务会计报告。

第二百五十五条 公司在合并、分立、减少注册资本或者进行清算时，不依照本法规定通知或者公告债权人的，由公司登记机关责令改正，对公司处以一万元以上十万元以下的罚款。

第二百五十六条 公司在进行清算时，隐匿财产，对资产负债表或者财产清单作虚假记载，或者在未清偿债务前分配公司财产的，由公司登记机关责令改正，对公司处以隐匿财产或者未清偿债务前分配公司财产金额百分之五以上百分之十以下的罚款；对直接负责的主管人员和其他直接责任人员处以一万元以上十万元以下的罚款。

第二百五十七条 承担资产评估、验资或者验证的机构提供虚假材料或者提供有重大遗漏的报告的，由有关部门依照《中华人民共和国资产评估法》、《中华人民共和国注册会计师法》等法律、行政法规的规定处罚。

承担资产评估、验资或者验证的机构因其出具的评估结果、验资或者验证证明不实，给公司债权人造成损失的，除能够证明自己没有过错的外，在其评估或者证明不实的金额范围内承担赔偿责任。

第二百五十八条 公司登记机关违反法律、行政法规规定未履行职责或者履行职责不当的，对负有责任的领导人员和直接责任人员依法给予政务处分。

第二百五十九条 未依法登记为有限责任公司或者股份有限公司，而冒用有限责任公司或者股份有限公司名义的，或者未依法登记为有限责任公司或者股份有限公司的分公司，而冒用有限责任公司或者股份有限公司的分公司名义的，由公司登记记机关责令改正或者予以取缔，可以并处十万元以下的罚款。

第二百六十条　公司成立后无正当理由超过六个月未开业的，或者开业后自行停业连续六个月以上的，公司登记机关可以吊销营业执照，但公司依法办理歇业的除外。

公司登记事项发生变更时，未依照本法规定办理有关变更登记的，由公司登记机关责令限期登记；逾期不登记的，处以一万元以上十万元以下的罚款。

第二百六十一条　外国公司违反本法规定，擅自在中华人民共和国境内设立分支机构的，由公司登记机关责令改正或者关闭，可以并处五万元以上二十万元以下的罚款。

第二百六十二条　利用公司名义从事危害国家安全、社会公共利益的严重违法行为的，吊销营业执照。

第二百六十三条　公司违反本法规定，应当承担民事赔偿责任和缴纳罚款、罚金的，其财产不足以支付时，先承担民事赔偿责任。

第二百六十四条　违反本法规定，构成犯罪的，依法追究刑事责任。

第十五章　附　　则

第二百六十五条　本法下列用语的含义：

（一）高级管理人员，是指公司的经理、副经理、财务负责人，上市公司董事会秘书和公司章程规定的其他人员。

（二）控股股东，是指其出资额占有限责任公司资本总额超过百分之五十或者其持有的股份占股份有限公司股本总额超过百分之五十的股东；出资额或者持有股份的比例虽然低于百分之五十，但依其出资额或者持有的股份所享有的表决权已足以对股东会的决议产生重大影响的股东。

（三）实际控制人，是指通过投资关系、协议或者其他安排，能够实际支配公司行为的人。

（四）关联关系，是指公司控股股东、实际控制人、董事、监事、高级管理人员与其直接或者间接控制的企业之间的关系，以及可能导致公司利益转移的其他关系。但是，国家控股的企业之间不仅因为同受国家控股而具有关联关系。

第二百六十六条　本法自 2024 年 7 月 1 日起施行。

本法施行前已登记设立的公司，出资期限超过本法规定的期限的，除法律、行政法规或者国务院另有规定外,应当逐步调整至本法规定的期限以内;对于出资期限、出资额明显异常的,公司登记机关可以依法要求其及时调整。具体实施办法由国务院规定。